L'essor des actions collectives conjointes dans le système judiciaire français

© 2022, Bruno Aguiar Valadão

Édition : BoD – Books on Demand, info@bod.fr

Impression : BoD – Books on Demand,

In de Tarpen 42, Norderstedt (Allemagne)

Impression à la demande

ISBN : 978-2-3224-3466-4

Dépôt légal : octobre 2022

Mémoire de Master 2 Justice, Procès et Procédures

Mention Droit processuel

Université Paris 8 Vincennes-Saint-Denis

Faculté de Droit

L'essor des actions collectives conjointes dans le système judiciaire français

Auteur : Bruno AGUIAR VALADÃO

Tuteur universitaire : Catherine PUIGELIER

Octobre 2022

Sur l'auteur :

Bruno AGUIAR VALADÃO est juriste en cabinet d'avocats et entrepreneur dans la legaltech.

Titulaire d'un Master 2 en Droit processuel ainsi que d'une Maîtrise en Administration Economique et Sociale, il a été le co-fondateur de V pour Verdict, plateforme en ligne spécialisée dans l'organisation d'actions collectives conjointes.

Remerciements

J'adresse tous mes remerciements

À Madame Catherine PUIGELIER pour son intérêt pour
le sujet de ce mémoire,

À ma famille pour leur soutien inconditionnel,

À Elisabeth pour m'avoir transmis la passion du droit, et
pour son aide précieuse au quotidien,

À Laura et Quentin pour leur loyauté et leur
professionnalisme sans faille,

À Anne-Caroline, Eloïse et Safiha pour l'enseignement
qu'elles m'apportent entre cabinet et palais,

À tous mes amis pour leur présence et leurs
encouragements,

À tous les acteurs du monde judiciaire qui œuvrent,
quotidiennement, pour un meilleur accès à la justice.

*Pour toi Joaquim, à qui j'aimerais transmettre un monde
plus juste et meilleur,*

Et pour toi vovó Marly, qui en as fait largement ta part

Sommaire

Introduction

« Ait praetor : si non habebunt advocatum, ego dab[1] ».

  « La collectivisation du droit apparaît comme le phénomène le plus marquant de notre époque »[2], ce qui fait de la protection des intérêts collectifs et de groupe un enjeu sociétal majeur[3]. Naturellement, les conflits et les procédures contentieuses contemporains s'inscrivent dans cette dynamique. Ils sont en effet rarement isolés et ils soulèvent, fréquemment, de problématiques qui n'avaient pas été appréhendées par les mécanismes de résolutions de litiges individuels[4]. Pourtant, c'est dans le droit romain que l'action collective puise ses origines. Par le mécanisme de l'*actio populari*, les romains attribuaient une qualité pour agir en justice à tous les citoyens, sans même qu'un intérêt à agir personnel et direct ne soit exigé[5]. Mais lorsque plusieurs procès portant sur un litige similaire ou identique étaient intentés, il incombait alors

---

[1] *« Le préteur dit : à ceux qui n'auront pas d'avocat, j'en donnerai un ».*

[2] L. Boy, *L'intérêt collectif en droit français, réflexion sur la collectivisation du droit*, thèse, Nice, 1979, Page 1.

[3] M. Cappelletti, *« La protection d'intérêts collectifs et de groupe dans le procès civil (Métamorphose de la procédure civile) »*, RIDC 1975, spéc. N°2.

[4] M. J. Azar-Baud, *« Les actions collectives en droit de la consommation »*, vol. 121, Page 4, 2013.

[5] M. J. Azar-Baud, *« Les actions collectives en droit de la consommation »*, vol. 121, Page 41, 2013.

au prêteur de déterminer le citoyen le mieux placé pour défendre l'intérêt collectif[6]. Il s'agissait ainsi de concilier les intérêts collectifs à proprement parler et la somme d'intérêts individuels compatibles. Une telle approche du contentieux collectif demeure actuelle. L'action collective vise effectivement la défense simultanée d'intérêts collectifs *lato sensu* et *stricto sensu*[7]. Par le premier, on entend la défense des intérêts de la collectivité, lesquels dépassent les intérêts individuels de ses membres. Le second, quant à lui, concerne la somme des intérêts individuels, pouvant être conciliés autour d'une action commune.

En France, le droit de la consommation est un réel terrain d'expérimentation des procédures exclusivement dédiées à l'action judiciaire collective. Traditionnellement, la France s'est toujours imposée en avant-gardiste dans la protection des droits des consommateurs, notamment par la loi d'orientation pour le commerce et l'artisanat du 27 décembre 1973, connue sous le nom de *« loi Royer »*[8], laquelle a instauré de fortes garanties judiciaires pour le consommateur français[9].

---

[6] M. J. Azar-Baud, *« Les actions collectives en droit de la consommation »*, vol. 121, Page 42, 2013.

[7] M. J. Azar-Baud, *« La nature juridique des actions collectives en droit de la consommation »*, 2016.

[8] Loi n° 73-1193 du 27 décembre 1973 d'orientation du commerce et de l'artisanat.

[9] L. Chatel, *« De la conso méfiance à la conso confiance : rapport au Premier ministre de la mission parlementaire auprès du secrétaire d'Etat aux petites et moyennes entreprises, au commerce, à*

Néanmoins, la « *loi Royer* » n'a manifestement pas permis de combler l'absence de solution pour la réparation des dommages des consommateurs. Si le droit français permet à ce qu'un consommateur lésé puisse agir individuellement en justice en vue de la réparation de son dommage, grand nombre d'entre eux sont dissuadés par les lourdes procédures judiciaires, notamment lorsque celles-ci sont mises en balance avec le faible montant des dommages en droit de la consommation ou avec les difficultés qu'ils peuvent éprouver pour démontrer, seuls, la faute commise par le professionnel en cause. Or, la somme des préjudices causés par un même professionnel pourrait, dans ce contexte, faire du non-respect du droit de la consommation une activité rentable pour les entreprises les plus malveillantes. Ainsi, le recours groupé s'est avéré, en théorie, comme le remède idéal permettant de répondre aux difficultés exprimées par les consommateurs. La collectivisation de leur action permettrait une mutualisation des frais de défense et de procédure et de surmonter les obstacles exigés par les règles de procédure civile. Les éléments de preuve des uns pourraient en outre servir à la résolution des litiges des autres, laissant davantage espérer une issue favorable de leur action. C'est à partir des années 1970 que les premiers mécanismes de recours collectifs ont été instaurés. Sous l'égide des articles L. 621-1 à L. 621-6 du Code de la consommation, les associations agréées de défense des consommateurs se

---

l'artisanat, aux professions libérales et à la consommation sur l'information, la représentation et la protection du consommateur », La documentation française, juillet 2003.

sont vu reconnaître la qualité à représenter leur intérêt collectif. D'abord, une action civile dite de « *représentation de l'intérêt collectif* » permet aux associations agréés d'exercer les droits reconnus à une partie civile en cas de « *préjudice direct ou indirect à l'intérêt collectif des consommateurs* »[10]. Cette action est toutefois limitée aux seuls cas concernés par des faits constitutifs d'infractions pénales, ce qui représente un obstacle majeur à son développement. L'exigence de faits constitutifs d'infractions est en revanche écartée par l'article L. 621-8 du Code de la consommation, lequel autorise les associations de défense des intérêts des consommateurs agréées à les représenter devant la juridiction civile pour demander, « *le cas échéant sous astreinte, la suppression d'une clause illicite ou abusive dans tout contrat* »[11] destinée aux consommateurs. Si la création de l'action en « *représentation de l'intérêt collectif* » a été un premier pas vers la structuration d'un mécanisme d'action de groupe en ce qu'elle joue un rôle préventif pour les contrats à l'avenir, un tel dispositif ne permet nullement aux consommateurs d'obtenir la réparation de leur dommage. C'est pourquoi la loi du 18 janvier 1992 renforçant la protection des consommateurs[12] a consacré, aux articles L. 622-1 à L. 622-4 du Code de la consommation, l'action « *en représentation conjointe* ». Cette dernière était censée permettre aux mêmes

---

[10] Article L. 421-1 ancien du Code de la consommation.
[11] Article L. 421-6 ancien du Code de la consommation.
[12] Loi n° 92-60 du 18 janvier 1992 renforçant la protection des consommateurs.

associations agréées de représenter un groupe de consommateurs aux fins de réparation de leurs préjudices. Il s'agit alors du premier dispositif en droit français, dédié, exclusivement, à la réparation de préjudices individuels dans le cadre d'une démarche collective. Mais un tel dispositif, qui venait pallier les insuffisances de la *« loi Royer »*, s'est lui aussi heurté à des obstacles pratiques et procéduraux majeurs. Si l'action en représentation conjointe est davantage flexible en ce qu'elle peut être formée à l'initiative de seulement deux consommateurs au moins, un mandat exprès d'une association agréée est toutefois exigé. Or, la loi du 18 janvier 1992 interdisait tout type de publicité relative à l'action en représentation conjointe. En effet, et par crainte que les dérives de la *« class action »* à l'américaine porte une atteinte disproportionnée sur la compétitivité des entreprises françaises, le législateur a opté pour un positionnement radical en la matière, estimant que devait *« être prohibée la pratique qui consisterait pour une association de consommateurs à mettre en cause de manière ciblée une entreprise, notamment par la voie d'une campagne de presse appelant des consommateurs à lui confier un mandat pour les représenter en justice »*[13]. Une telle rigidité dans la formation d'une action en représentation conjointe a conduit à son échec, lequel a été constaté par le Conseil national de la consommation. En effet, depuis son instauration en 1992, seules cinq actions en

---

[13] Avis n° 328, 1990-1991 de Lucien Lanier, établi en 1991 au nom de la commission des lois sur le projet de loi renforçant la protection des consommateurs.

représentation conjointe ont été introduites, lesquelles ont révélé les carences d'un tel dispositif. Face à cet échec, la loi du 17 mars 2014 relative à la consommation,[14] dite *loi Hamon,* a inscrit dans le Code de la consommation les articles L. 623-1 et suivants permettant à une association de défense des droits des consommateurs agréée « *d'agir devant une juridiction civile afin d'obtenir la réparation des préjudices individuels subis par des consommateurs placés dans une situation similaire ou identique et ayant pour cause commune un manquement d'un ou des mêmes professionnels à leurs obligations légales »*[15]. L'action de groupe en droit de la consommation, tant attendue, était ainsi adoptée. Censée contribuer à respect des droits des consommateurs et à favoriser la redistribution des rentes indues des professionnels vers les consommateurs[16], l'action de groupe portait en elle un ambitieux projet politique. Toutefois, l'action de groupe a aussi fait l'objet d'un fort encadrement législatif. Tout comme l'action en représentation conjointe, l'action de groupe ne peut être

---

[14] Loi n° 2014-344 du 17 mars 2014 relative à la consommation.

[15] Article L. 623-1 du Code de la consommation.

[16] Pour Benoît Hamon, « *les effets de la création de ce nouvel outil juridique seront doubles : non seulement, le droit sera mieux respecté, mais aussi l'action de groupe aura pour effet de redistribuer des rentes indues des professionnels vers les consommateurs. Ces rentes, qui correspondent à l'addition de chacun des préjudices individuels, représentent parfois des dizaines de millions d'euros. Grâce à l'action de groupe, ces sommes indûment perçues reviendront aux consommateurs. Cela favorisera le pouvoir d'achat et contribuera à relancer la consommation, donc la compétitivité, donc la croissance* », Séance de l'Assemblée Nationale du lundi 24 juin 2013.

portée que par la quinzaine d'associations agréées en France[17]. De plus, les professionnels en cause ne peuvent être condamnés qu'à la réparation des *« préjudices patrimoniaux résultants de dommages matériels »*[18] subis par le groupe de consommateurs, à l'exclusion de tout paiement de dommages et intérêts punitifs ou de préjudices immatériels, tels que les préjudices moraux. Enfin, il convient de relever que l'action de groupe repose sur un modèle dit de l'*opt-in* exigeant de la part des consommateurs de manifester leur intention d'intégrer le groupe avant que toute décision judiciaire ne soit rendue. Alors que la *« loi Hamon »* avait pour objectif de pallier les insuffisances de l'action en représentation conjointe, l'action de groupe s'est elle aussi soldée par un échec. Depuis 2014, seules 14 actions dans le domaine du droit de la consommation ont été intentées. Mais surtout, aucune action n'a véritablement abouti, de sorte qu'aucun professionnel n'a vu sa responsabilité engagée depuis l'introduction de l'action de groupe dans le système

---

[17] Selon l'Institut National de la Consommation (INC), 15 associations de consommateurs nationales agréées sont au service des consommateurs pour les représenter et les défendre : *« elles sont issues de trois grands mouvements différents : 1 - mouvement familial : le Cnafal, la CNAFC, La CSF, Familles de France, Familles Rurales, regroupés au sein de l'Unaf ; 2 - mouvement syndical : l'Adeic, l'AFOC, l'Indecosa-CGT ; 3 - mouvement consumériste et spécialisé : l'UFC-Que Choisir et la CLCV pour les problèmes de consommation. La CGL et la CNL pour le logement. La Fnaut pour les transports, l'ALLDC pour l'éducation populaire ».*
[18] Article L. 623-2 du Code de la consommation.

judiciaire français. Un rapport[19] d'information a été présenté par les députés Philippe GOSSELIN et Laurence VICHNIEVSKY à l'Assemblée nationale le 11 juin 2020, conclut ainsi à un *« bilan décevant »*, avant de dresser une liste de 13 propositions visant à améliorer le dispositif de l'action de groupe.

Mais le phénomène de collectivisation des droits et des litiges n'est pas cantonné au domaine du droit de la consommation. Il se répand de façon générale, et plus particulièrement en matière d'environnement et de discrimination[20], dont les tendances d'actions judiciaires collectives ne sont pas récentes. En effet, une action en représentation conjointe existait dans le Code de l'environnement dès 1995[21]. Tout comme en matière de consommation, ce dispositif s'est lui aussi soldé par un échec total en ce qu'il n'a quasiment jamais été mis en œuvre[22]. Dans ce contexte, l'année de 2016 a été marquée

---

[19] P. Gosselin et L. Vichnievsky, *« Rapport d'information sur le bilan et les perspectives des actions de groupe »*, n° 3085, enregistré à la Présidence de l'Assemblée nationale le 11 juin 2020.

[20] M. J. Azar-Baud, *« Les actions collectives en droit de la consommation »*, vol. 121, Page 6, 2013.

[21] L'action en représentation conjointe en matière environnementale a été créée par loi n° 95-101 du 2 février 1995 relative au renforcement de la protection de l'environnement, dite loi Barnier.

[22] M. Lamoureux, *« L'action de groupe environnementale en France »*, DICE / CERIC - Droits International, Comparé et Européen / Centre d'études et de recherches internationales et communautaires (CERIC), DICE - Droits International, Comparé et Européen : CERIC, 21 avril 2021.

par l'élargissement du champ d'application de l'action de groupe. D'abord, la loi du 26 janvier 2016 de modernisation de notre système de santé[23] a étendu son champ d'application aux litiges relatifs aux produits de santé. Ensuite, la loi du 18 novembre 2016 de modernisation de la justice du XXIème siècle[24] a rendu possible le recours à l'action de groupe en matière environnementale, de protection de données personnelles et de discriminations subies au travail. Enfin, les litiges concernant la réparation des préjudices subis par les consommateurs à l'occasion d'un bien immobilier ont été inclus dans le champ d'application de l'action de groupe par la loi du 23 novembre 2018 portant évolution du logement, de l'aménagement et du numérique[25]. Malgré cette large étendue du champ d'application de l'action de groupe et les efforts visant une harmonisation des différentes procédures par la loi du 18 novembre 2016 de modernisation de la justice du XXIème siècle qui a instauré « *un socle commun* » des actions de groupe, c'est aussi un échec qui a été, une nouvelle fois, constaté en la matière. Depuis 2016, seules sept actions de groupes ont été introduites dans de domaines autres que le droit de la consommation et aucune n'a permis d'engager la responsabilité d'une entreprise. Par ailleurs, l'action de

---

[23] Loi n° 2016-41 du 26 janvier 2016 de modernisation de notre système de santé.

[24] Loi n° 2016-1547 du 18 novembre 2016 de modernisation de la justice du XXIe siècle.

[25] Loi n° 2018-1021 du 23 novembre 2018 portant évolution du logement, de l'aménagement et du numérique.

groupe a aussi fait son entrée dans le Code de justice administrative. Une action de groupe peut, depuis l'entrée en vigueur de la loi du 18 novembre 2016[26] être exercée devant le juge administratif lorsque plusieurs personnes, placées dans une situation similaire, subissent un dommage causé par une personne morale de droit public ou un organisme de droit privé chargé de la gestion d'un service public, et ayant pour cause commune un manquement de même nature de ces personnes à leurs obligations légales ou contractuelles. Les requérants peuvent alors obtenir du juge administratif l'injonction de cessation d'un manquement et la réparation de leurs préjudices[27]. Mais en contentieux administratif aussi, l'action de groupe est fortement encadrée et elle ne peut être exercée que dans cinq domaines définis par la loi[28].

---

[26] Conformément au II de l'article 92 de la loi n° 2016-1547 du 18 novembre 2016, ces dispositions sont applicables aux seules actions dont le fait générateur de la responsabilité ou le manquement est postérieur à l'entrée en vigueur de la loi.

[27] Article L. 77-11-3 du Code de justice administrative.

[28] Les actions de groupe en matière de contentieux administratif peuvent être introduites dans le cadre des litiges suivants : en cas discrimination subie par les administrés (Article 10 de la Loi n° 2008-496 du 27 mai 2008), en cas de discrimination subie par les salariés d'un employeur public (article L. 77-11-1 du Code de justice administrative), en cas de méconnaissance des dispositions destinées à assurer la protection de la nature et de l'environnement (Article L. 142-3-1 du Code de l'environnement), en cas de faute commise dans la production, la fourniture ou la délivrance d'un produit de santé (Article L. 1143-1 du Code de santé publique), et en cas de violation des règles garantissant la protection des données à caractère personnel (Article 43 ter de la Loi n° 78-17 du 6 janv. 1978).

Enfin, et à l'occasion de l'adoption de la loi du 18 novembre 2016 de modernisation de la justice du XXIème siècle, on notera qu'un recours collectif propre au contentieux administratif a été instauré : l'action en reconnaissance des droits. Ce dispositif permet à un groupe d'administrés ayant le même intérêt de se faire reconnaître des droits individuels résultant de l'application de la loi ou d'un règlement, à l'exception de la reconnaissance et de l'indemnisation d'un préjudice. La vingtaine d'actions en reconnaissance de droits introduites depuis 2017 témoignent, contrairement à l'action de groupe, d'une pratique beaucoup plus dynamique[29].

Plus récemment, c'est au niveau européen que de nouvelles orientations en matière de procédure d'action de groupe ont été adoptées. Après de nombreuses années de négociations, le Parlement européen a fini par adopter la

---

[29] Selon le « *Rapport d'information sur le bilan et les perspectives des actions de groupe* », n° 3085, enregistré à la Présidence de l'Assemblée nationale le 11 juin 2020 par P. Gosselin et L. Vichnievsky : « *au moins 18 actions en reconnaissance de droits ont été enregistrées depuis 2017 : 4 requêtes ont fait l'objet d'un jugement de rejet au fond, 2 jugements sont devenus définitifs, 2 jugements ont fait l'objet d'un appel qui n'est pas encore jugé et 1 requête a donné lieu à un jugement de satisfaction partielle qui est devenu définitif. 13 requêtes n'ont pas encore été jugées par le tribunal saisi et l'instruction d'une requête a donné lieu à la présentation d'une question prioritaire de constitutionnalité qui n'a pas encore été jugée.11 actions en reconnaissance de droit engagées relèvent de fonction publique (5 actions de la fonction publique territoriale, 3 de la fonction publique d'État et 3 de la fonction publique hospitalière).*

directive « *actions représentatives* »[30] visant à protéger les intérêts collectifs des consommateurs. La transposition de cette directive laisse espérer un nouvel élan de l'action de groupe en France, en ce notamment qu'elle milite, à travers ses articles 13 et 14, en faveur d'une publicité accrue des actions de groupe intentées par les organismes nationaux disposant de la qualité à agir et à représenter les justiciables. Néanmoins, l'ambition persistante des Etats européens de mettre la protection des consommateurs et la sécurité juridique des entreprises sur le même plan[31] appelle toujours à la prudence. Ainsi, si la directive « *actions représentatives* » pourrait impulser une nouvelle dynamique de l'action de groupe en France[32], elle s'avère peu contraignante. Les Etats membres conservent effectivement une forte marge de manœuvre dans sa transposition notamment sur ce qui, pour certains, représente le principal levier de développement de l'action de groupe : l'identification des entités représentatives,

---

[30] Directive (UE) 2020/1828 du Parlement européen et du conseil du 25 nov. 2020 relative aux actions représentatives visant à protéger les intérêts collectifs des consommateurs et abrogeant la directive 2009/22/CE.

[31] Selon le rapporteur Geoffroy Didier : « *avec cette nouvelle directive, nous avons trouvé un équilibre entre une protection renforcée pour les consommateurs et la garantie pour les entreprises de la sécurité juridique dont elles ont besoin* ».

[32] P. Métais et E. Valette, « *La directive actions représentatives : un nouvel élan pour les actions de groupe ?* », White & Case LLP, 16 décembre 2020.

aujourd'hui toujours limitée aux seules associations agréées.

Dans un tel contexte de sous-protection des intérêts collectifs, l'action collective conjointe s'est imposée comme une alternative plus simple et plus efficace pour permettre aux justiciables de bénéficier, de manière effective, des avantages d'une démarche judiciaire collective garantissant la mutualisation des frais de justice ainsi que le rééquilibre des rapports de force. Par action collective conjointe, on entend un recours judiciaire à l'initiative d'une pluralité de demandeurs, de plaignants ou de requérants. Il s'agit donc d'une somme d'actions individuelles, traitées collectivement, autour d'un litige identique ou similaire. Ainsi, les règles communes de procédures civile et pénale et du contentieux administratif s'appliquent pour tous les actes procéduraux relevant d'une action collective conjointe. Par ailleurs, on rappellera l'importante distinction de l'action collective conjointe, qui est formée autour d'un acte procédural unique, des contentieux de masse consistant, plus simplement, à démultiplier les actions judiciaires similaires[33]. Le concept de l'action collective conjointe a commencé à véritablement se structurer au cours de l'année 2015, en réaction à l'échec de la « *loi Hamon* ». A cet égard, Me Christophe LEGUEVAGUES, Avocat au Barreau de Paris et l'un des précurseurs de l'action collective conjointe en France, n'hésite pas à affirmer que

---

[33] https://www.bfbavocats.com/action-collective.php.

l'action de groupe est « *la vraie-fausse class action* »[34] car « *plusieurs filtres ont été mis en place de telle sorte que l'action de groupe ne fonctionne pas ou rend les procédures encore plus longues* »[35]. A la recherche donc de simplicité, de célérité et d'efficacité, c'est la profession d'avocat, laquelle avait été laissée de côté par les lois relatives à l'action de groupe, qui a été à l'initiative de l'essor de ce nouveau mode d'action judiciaire. C'est effectivement le Barreau de Paris qui a lancé l'une des premières plateformes en ligne dédiée à l'organisation des actions collectives conjointes (« *avocats-actions-conjointes* »), en novembre 2015, censée faciliter l'organisation et le développement des actions collectives conjointes par les avocats. Ce sont ensuite des avocats exerçant seuls, en association ou par groupement qui se sont positionnés sur le développement de ce mode d'action, tels que Me Christophe LEGUEVAQUES, fondateur de la plateforme « *MyLéo*[36] » (anciennement « *My Smart Cab* »), Me Elisabeth GELOT, Avocate au Barreau de Lyon et avec qui j'ai co-fondé « *V pour Verdict* »[37], Me Arnaud DURAND, Avocat au Barreau de Paris et fondateur de « *Palace.legal*[38] » et repreneur de « *V pour Verdict* », ainsi que tant d'autres avocats qui ont, de manière plus ou moins systématisée et structurée, participé

---

[34] https://myleo.legal/fr/page/notre-histoire.

[35] Ibdem.

[36] https://myleo.legal/fr/.

[37] https://vpourverdict.com/.

[38] https://palace.legal/.

à l'essor de l'action collective conjointe en France. Mais, il convient de rappeler que, d'un point de vue procédural, la naissance des actions collectives conjointes ne date pas d'hier. De fait, s'il a fallu attendre l'échec de l'action de groupe pour que les actions collectives conjointes se structurent, celles-ci sont en réalité aussi anciennes que le droit ou le principe même d'action judiciaire. En effet, ces actions collectives se basent, tout simplement, sur les règles de procédure existantes indépendamment de tout dispositif procédural spécifique. Ainsi, dès que deux demandeurs au moins introduisent un acte introductif d'instance, nous pourrions être tentés de retenir le terme d'action collective conjointe. Mais, de toute évidence, les actions collectives conjointes prennent tout leur sens et une ampleur toute particulière lorsque le nombre de demandeurs dépasse au moins la dizaine. C'est pourquoi le champ de la présente étude se concentrera sur les actions collectives conjointes rassemblant, au moins, une dizaine de justiciables.

C'est sur les terrains extra-juridique et judiciaire que le développement des actions collectives conjointes s'est récemment concentré. S'agissant, on l'a dit, d'une somme d'actions individuelles identiques ou similaires, le principal obstacle au développement de ce mode d'action judiciaire réside effectivement dans la gestion des dossiers transmis à l'avocat. En effet, et contrairement aux procédures dédiées à l'action de groupe, l'action collective conjointe laisse à chaque justiciable disposant d'un intérêt à agir à l'action, la liberté de se joindre au groupe tout comme la possibilité, à tout moment, de se désister aux fins, par exemple, d'une transaction amiable, ou de faire ou ne pas faire usage d'une voie de recours. Cette grande liberté d'action laissée aux membres d'une action collective conjointe implique une rigueur de la part de l'avocat et de son équipe administrative. L'avocat n'est effectivement pas en relation qu'avec un seul client, mais il représente, directement et personnellement, autant de clients qu'il y a de membres à l'action collective conjointe. Dans ces conditions, il lui incombe de respecter scrupuleusement, vis-à-vis de chacun de ses clients, la réglementation et les principes déontologiques applicables. Face à la charge de devoir gérer des dizaines, des centaines, voire des milliers de dossiers, les avocats experts dans les contentieux collectifs ont alors trouvé dans le numérique une solution pour optimiser la gestion de leurs actions. Signature électronique des conventions d'honoraires, vérification automatique des cartes d'identité de chaque justiciable, systèmes de communication individuelle et groupée avec les membres de l'action, automatisation de la rédaction des protocoles d'accord ou des actes de procédures tels que le bordereau de communication de pièces ou les assignations, etc. Les outils numériques permettant à l'avocat d'optimiser la gestion de ces dossiers sont nombreux, toujours avec un objectif unique : faire de l'action de l'action collective conjointe un outil rentable ou, pour le moins, viable. Dans certains cas, tels que ceux de « *MyLéo* » ou de « *V pour Verdict* », des plateformes en lignes spécifiquement dédiées à la gestion des actions collectives conjointes ont été développées. C'est par le biais de ces plateformes que plus de 3.000 demandeurs se sont rassemblés derrière Me Christophe LEGUEVAQUES et ont obtenu, le 16 mars 2022[39], une victoire devant la Cour de cassation face aux laboratoires *« Merck »*, dont la responsabilité civile a été engagée pour défaut d'information dans le cadre de la production et de la vente du *Levothyrox*. C'est aussi par ces plateformes en ligne que près de 1.000 contribuables français et se sont rassemblés derrière Me Elisabeth GELOT pour demander au Tribunal judiciaire de Nanterre la reconnaissance d'un nouveau préjudice moral dit de *« solidarité »,* causé par les pratiques d'optimisation fiscale de la société *« Amazon »* qui seraient, selon les plaignants, juridiquement abusives. C'est également par ces plateformes que plus de 3.000 demandeurs se sont rassemblés derrière Me Edouard RAFFIN, Avocat au Barreau de Lyon, pour obtenir des tribunaux judiciaires la reconnaissance d'un droit de faire retirer ou de s'opposer à l'installation des compteurs d'électricité dits intelligents connus sous le nom de *« Linky »*. Mais, si une grande majorité des actions collectives conjointes ont certes été introduites devant les tribunaux judiciaires selon les règles de procédure civile, de nombreux recours collectifs ont également concerné les tribunaux correctionnels et administratifs. A titre indicatif, Me Elias BOURRAN, Avocat au Barreau de Paris a déposé auprès du pôle *« santé »* du Parquet de Paris, courant 2019, une plainte au

---

[39] Audience publique du 16 mars 2022, Rejet, M. Chauvin, président, Arrêt n° 255 FS-B, Pourvois n° 20-19.786 et suivants.

nom de 60 plaignants s'estimant victimes de pratiques commerciales trompeuses et de la surexposition aux ondes électromagnétiques des téléphones portables vendus par le fabricant chinois « *Xiaomi* ». Aussi, près de 200 habitants du quartier de la Presqu'île, à Lyon, se sont unis derrière Me Edouard RAFFIN pour introduire un recours de plein contentieux devant le Tribunal administratif de Lyon contre la Ville de Lyon et le Préfet du Rhône. Selon les termes des requérants, il s'agissait, compte tenu de l'augmentation exponentielle des actes d'insécurité et d'incivilité à Lyon, de faire face à la « *carence des pouvoirs publics d'assurer la sécurité des habitants* ». Ces actions collectives conjointes ont, par la nature des litiges concernés ou par le grand nombre de justiciables, été le terrain de débats publics et médiatiques agités. En effet, elles ont toutes fait l'objet d'articles de presse, d'interventions médiatiques de la part des avocats et mobilisée des communautés actives sur les réseaux sociaux. En effet, et contrairement à l'action de groupe, la publicité des actions collectives conjointes n'a, pour seule limite, que les principes déontologiques et règlementaires de la profession d'avocat, encadrés notamment par l'article 10[40] du Règlement Intérieur National de la profession d'avocat (RIN), relatif à la communication des avocat. Si, à la lecture et à l'application de cet article 10 du RIN, les avocats rencontrent certains obstacles

---

[40] Article 10 du Règlement National Intérieur de la profession d'avocat (RIN) : Communication (L. n° 71-1130 du 31 déc. 1971, art. 3 bis et 66-4 ; D. n° 72-785 du 25 août 1972 ; D. n°2005-790 du 12 juill. 2005, art. 15).

mineurs, tels que l'interdiction d'avoir recours aux « SMS » pour leurs actions de démarchage, rien n'interdit la pratique d'une communication accrue et ciblée dans le cadre de la formation et de la promotion d'une action collective judiciaire, à condition que la publicité et la sollicitation personnalisée *« procurent une information sincère sur la nature des prestations de services proposées »*[41]. Il est alors courant qu'une action collective émane d'un seul justiciable ou d'une seule association et, grâce à la communication déployée par l'avocat ou par ses partenaires, un important groupe de justiciables se forme. De même, le recours aux techniques de communication n'est pas uniquement utile pour la formation du groupe de justiciables, mais il joue un véritable rôle dans la résolution des litiges. Ainsi, un certain nombre des litiges faisant l'objet d'actions collectives ont été résolus avant même l'introduction du recours contentieux. En effet, la crainte des entreprises et des pouvoirs publics d'une « mauvaise publicité » engendrée par la formation de l'action collective conjointe les incite à privilégier les modes amiables de règlement de différends. Ainsi, et selon ses défenseurs, l'action collective conjointe se veut un outil de contre-pouvoir en ce qu'elle faciliterait l'accès à la justice par un mécanisme de mutualisation des frais de procédure et d'avocat et en ce qu'elle tend au rééquilibre des rapports de force entre les justiciables personnes physiques et associations et les grands acteurs du pouvoir politico-économique. Concernant la plateforme

---

[41] Article 10.3 du RIN sur la publicité et sollicitation personnalisée.

« *MyLeo* », fondée par Me Christophe LEGUEVAQUES, dont le credo est « *l'union fait la force* », l'objectif est clairement identifié : « *avec « MyLeo », nous souhaitons aller plus loin : clarté, simplicité, fluidité pour trouver son chemin dans le labyrinthe du droit et faire entendre sa voix – haut et fort – à l'encontre des « puissants »*. Ainsi, pour Me LEGUEVAQUES, « *l'action conjointe correspond à l'esprit français, à la fois solidaire et individualiste. Il s'agit de sortir le client de son statut de consommateur, de l'associer dès le départ à l'action, et de se rassembler pour être plus fort* ». De même, la plateforme « *V pour Verdict* », ainsi que nos avocats partenaires ne cessaient de mettre en avant la force du collectif, en affichant notamment le slogan « *I can't but we can* », lequel est destiné à perdurer avec la reprise de la marque par Me Arnaud DURAND.

Cependant, l'essor des actions collectives conjointes soulève parfois des critiques plus ou moins vives. D'abord, c'est la marchandisation du droit qui est reprochée aux acteurs de ce nouveau marché. Les entreprises les plus réticentes au développement des actions collectives conjointes, ainsi que certains acteurs du monde associatif dénoncent une instrumentalisation par les avocats des actions collectives conjointes à des fins lucratives[42]. Ces critiques ont été accentuées durant la crise sanitaire due à l'épidémie de Covid-19, lorsque le nombre d'actions collectives conjointes a fortement

---

[42] M. Périsse, « *Plateformes d'actions collectives : la justice à portée de clic ?* », Médiacités, 13 novembre 2019.

augmenté en réaction à l'émergence de litiges imprévus et inédits. La journaliste du « *Monde* », Patricia JOLLY, a dénoncé « *l'opportunisme* » de certains avocats spécialisés dans le développement des actions collectives[43]. Au niveau des instances judiciaires, la crainte est essentiellement liée au risque d'engorgement des tribunaux à cause du traitement et de l'instruction de certaines actions collectives conjointes. C'est pourquoi Madame Françoise KAMARA, doyen de la première chambre civile de la Cour de cassation estime que « *la difficulté des actions collectives conjointes réside dans le fait que les tribunaux gèrent la masse de dossiers qui demeurent individuels du début à la fin, tandis que, dans l'action de groupe, ce sont les associations qui, agissant sur mandat, administrent cette masse. Il y a un risque d'engorgement des tribunaux si les actions collectives conjointes se développent sans moyens supplémentaires.* »

Malgré les controverses que soulèvent les actions collectives conjointes, ce mode d'action judiciaire ne cesse de se développer. Ainsi que j'ai pu souligner dans le rapport d'activité pour l'année 2020 de la plateforme « *V pour Verdict* », créée en juillet 2018, ce ne sont pas moins de 30 actions collectives conjointes qui ont été introduites par les seuls avocats membres de ce réseau[44]. Ce sont donc près de 5176 justiciables qui ont bénéficié d'un avocat, dont plus de 800 ont obtenu gain de cause. Le recours

---

[43] P. Jolly, « *Des victimes du Covid-19 prises dans les filets de cabinets d'avocats opportunistes* », Le Monde, 11 juin 2020.
[44] Rapport d'activité 2020 de la plateforme « *V pour Verdict* ».

croissant aux actions collectives conjointes, spectaculaire durant la crise sanitaire de Covid-19, est intrinsèquement lié à l'absence d'un cadre procédural unique, ce qui permet aux justiciables et aux avocats d'agir collectivement sur une grande variété de litiges collectifs, sans se limiter aux champs d'application de l'action de groupe et sans attendre l'initiative des entités représentatives. On constate alors une réelle diversification des modes d'action collective. Il semble donc y avoir autant de modèles économiques, de pratiques juridiques et de stratégies procédurales qu'il y a d'avocats positionnés sur ce mode d'action judiciaire.

Aucun dispositif législatif ou règlementaire, ni aucun principe jurisprudentiel, en droit processuel, ne font aujourd'hui obstacle à la possibilité d'agir collectivement et conjointement en justice. Au contraire, la jurisprudence est plutôt favorable à la limitation des risques procéduraux dans le cadre d'une instance ouverte par une pluralité de demandeurs, de plaignants ou de requérants. En procédure civile, lorsque la demande est formée par plusieurs coïntéressés, *« chacun d'eux exerce et supporte pour ce qui le concerne les droits et obligations des parties à l'instance »*[45]. Ainsi, la nullité d'un acte procédural opposée à un codemandeur, qu'elle soit de forme ou de fond, ne saurait produire des effets à l'encontre du reste de groupe de demandeurs. Puis, la Cour de cassation retient, avec constance, l'absence de dépendance entre les parties d'une même instance puisque, à titre indicatif, et en *« cas*

---

[45] Article 323 du Code de procédure civile.

de pluralité de parties, le même jugement peut être mixte à l'égard de certaines d'entre elles et seulement avant-dire droit à l'égard de certaines autres »[46]. En procédure pénale, la jurisprudence admet la recevabilité de l'action civile lorsque l'intérêt particulier d'un ou plusieurs plaignants est atteint par la violation d'une norme initialement édictée en vue de la sauvegarde de l'intérêt général[47]. Ce principe puise ses sources dans l'arrêt *Juste*[48], rendu par la Chambre criminelle de la Cour de cassation en 1970 et selon lequel *« la circonstance que la législation en cause a pour objet principal la défense de l'intérêt général ne fait pas échec aux droits collectifs de commerçants habilités à exercer leur profession dans des conditions régulières ».* Mais surtout, et concernant les moyens d'action, on notera qu'*« aucun texte de loi n'interdit à un ensemble de personnes de se concerter et de poursuivre, par une même plainte, en se portant*

---

[46] Cour de cassation, Civ. 2e, 24 mai 1984 : Bull. civ. II, no 91; D. 1985. IR 261, obs. Julien ; RTD civ. 1985. 216, obs. Perrot. V. note 4 ss. art. 272.

[47] Pour illustration : infraction commise par un agent immobilier (Cour de cassation, Crim. 28 avr. 1977, no 75-91.574), infractions aux règles sur les lotissements (Cour de cassation, Crim. 22 nov. 1977, no 76-92.606), infractions au permis de construire (Cour de cassation, Crim. 17 janv. 1984, no 81-92.858), délit d'exercice illégal de la profession d'expert-comptable (Cour de cassation, Crim. 12 juill. 1994, no 93-84.668), délits d'importation de médicaments à usage vétérinaire et de délivrance de médicaments sans autorisation de mise sur le marché (Cour de cassation, Crim. 18 nov. 1998, no 97-85.840), modification de l'état des lieux d'un crime (Crim. 23 févr. 2000, no 99-84.448).

[48] Cour de cassation, Crim. 22 janv. 1970, no 69-90.898.

conjointement partie civile, la réparation du préjudice dont elles ont souffert »[49]. Le recours à l'action collective conjointe en matière pénale est courant, notamment lorsqu'on sait que la Cour de cassation en limite les risques puisqu'*« en cas de pluralité de parties civiles, la nullité d'une citation commune délivrée au prévenu ne peut avoir d'effet qu'à l'égard de celle desdites parties civiles qui est l'auteur de l'irrégularité constatée »[50]*. En contentieux administratif finalement, si le principe est initialement celui du caractère individuel des requêtes, le juge administratif l'a fortement assoupli en ce que la seule limite réside désormais dans un certain *« souci d'ordre »[51]*. Depuis 1973, le seul critère de recevabilité d'une requête collective tient au seul *« lien suffisant »[52]* entre les conclusions sollicitées par les requérants. En outre, et dans l'hypothèse où le juge, dans l'exercice de son pouvoir souverain d'appréciation, retient dans un premier temps l'absence de lien suffisant entre les conclusions présentées par les requérants, l'irrecevabilité de la requête collective ne peut être retenue que si les parties sont invitées à régulariser leur requête et que ces dernières s'abstiennent de le faire dans le délai imparti[53].

---

[49] Cour de cassation, Crim. 13 juin 1972, no 72-90.091 P.

[50] Cour de cassation, Crim. 14 novembre 1989, no 86-92.599 P.

[51] Conseil d'Etat, Section du 8 janvier 1960, Min. de l'éducation nationale c/ B... et autres (n° 44130, Page 18).

[52] Conseil d'Etat, Section D... du 30 mars 1973 (n° 80717, Page 265, avec concl. Théry).

[53] Conseil d'Etat, 25 février 1987, Mortet : Rec. CE 1987, tables, Page 880.

L'essor récent des actions collectives conjointes est donc la conséquence des changements des pratiques et paradigmes de la part des avocats et justiciables. Toutefois, on sait que la réussite de ces nouvelles pratiques dépend, sur le long terme, de leur réception par les juridictions. En effet, greffiers et magistrats se trouvent confrontés à une double contrainte : celle de privilégier la jonction des instances en vue d'une optimisation du traitement des dossiers dans l'intérêt d'une bonne administration de la justice contre la crainte, légitime, d'assister, comme l'a souligné le doyen Françoise KAMARA, à un développement non maîtrisé des actions collectives conjointes mettant à mal l'administration judiciaire. Lorsqu'on sait que le système juridique français se distingue par une conception strictement individualiste de l'action en justice[54], on comprend que si l'action collective conjointe permet d'optimiser les diligences introductives d'instance, elle ne dispense pas les services de greffe d'un traitement individualisé des actes de procédures et des pièces produites par ces derniers. Mais surtout, les magistrats restent tenus, dans le cadre d'un recours conjoint, de procéder à un traitement individualisé des situations de chacun des justiciables membres d'une action collective conjointe. Ainsi, le juge saisi appréciera, individuellement, et à l'égard de chacun des justiciables, la validité de leurs actes de procédure, les conditions de

---

[54] L. Béteille et R. Yung, Rapport d'information n° 499 (2009-2010) fait au nom de la commission des lois, déposé le 26 mai 2010 : « *L'action de groupe à la française : parachever la protection des consommateurs* ».

recevabilité de leur action, ou encore l'existence de leurs droits substantiels. Ces exigences ne laissent pas les avocats insensibles. Que ce soit simplement par l'exercice de leur noble rôle d'auxiliaire de justice[55] ou par la crainte légitime qu'une disjonction d'instance soit prononcée, les avocats se montrent, dans la pratique, coopératifs avec les juridictions. Il va de l'intérêt de ses clients de faciliter le traitement par les greffes et les magistrats des conclusions et des pièces produites. On verra alors que les avocats se montrent particulièrement créatifs dans la présentation de leur bordereau de communication des pièces ainsi que de leurs conclusions, en privilégiant notamment la technique de la constitution de sous-groupes de justiciables au sein d'une même et unique action, liés par des intérêts et droits substantiels communs. Et ce, dans le but de faciliter l'instruction de l'action collective conjointe par les juridictions concernées.

Il est enfin évident que le seul recours à l'action collective conjointe ne saurait répondre aux besoins croissants d'un accès effectif à l'avocat, au juge et à la justice. Le développement des recours conjoints se développe en parallèle d'une multitude de solutions alternatives. Sans prétendre à l'exhaustivité, on citera le recours aux modes amiables de règlements de différends, notamment la médiation, la conciliation et les négociations par avocat. Que ce soit à l'initiative des parties ou des juges, la résolution amiable d'un litige collectif séduit

---

[55] Article 3 de la Loi n° 71-1130 du 31 décembre 1971 portant réforme de certaines professions judiciaires et juridiques.

l'ensemble des acteurs judiciaires, notamment en tant que solution préventive au risque de surcharge des juridictions. Côté justiciables, il s'agit de la seule solution permettant de réduire considérablement les délais de résolution d'un litige. Pour les entreprises, on soulignera l'opportunité d'éviter la « mauvaise publicité » d'une action collective. De même, l'action collective conjointe se développe parallèlement aux contentieux de masse, lesquels supposent qu'une instance distincte pour chaque demandeur soit ouverte, indépendamment de l'identité ou de la connexité des affaires. La démultiplication des contentieux de masse est notable pour les litiges à fort caractère personnel, tel que celui des retraits de points de permis de conduire[56] devant les tribunaux administratifs, ou lorsque les règles de compétences territoriales rendent le recours à l'action collective impossible ou dépourvu de viabilité économique. Enfin, on observe également une importante augmentation des solutions visant à rendre le justiciable autonome dans son action en justice. Entreprises privées, associations, pouvoirs publics et même certains cabinets d'avocats outillent les justiciables de modèle de lettres juridiques ou d'actes de procédure dans le but de permettre au justiciable, lorsqu'il n'a pas d'autre choix, d'agir seul en justice.

Dans ce contexte, il convient d'appréhender la manière dont les acteurs judiciaires français s'approprient,

---

[56] Ibdem.

dans la pratique, ce nouveau mode d'action judiciaire collectif.

On se penchera dans un premier temps sur le contexte économique, politique, juridique et procédural de l'essor de l'action collective conjointe au sein du système judiciaire français **(Titre I)**, avant d'identifier les particularités des pratiques procédurales privilégiées par les acteurs judiciaires **(Titre II)**.

Titre I – L'action collective conjointe, un essor contrasté

Si l'émergence du marché des actions collectives conjointes est un phénomène récent **(Chapitre 1)**, il puise ses principales sources dans des règles procédurales plus anciennes **(Chapitre 2)**.

Chapitre 1 – À la rescousse des intérêts collectifs des justiciables

C'est autour de la finalité d'un plus large accès à la justice et d'un rapport de force entre justiciables plus équilibré que l'action collective conjointe est née **(Section 1)** et s'est démocratisée **(Section 2)**.

Section 1 – L'émergence d'un marché controversé

En réponse aux échecs successifs de l'action de groupe **(A)**, les avocats se sont approprié l'action collective conjointe pour rester actifs dans le domaine de la résolution des litiges collectifs **(B)**.

Mais la structuration de ce nouveau marché n'a pas manqué de soulever de vives critiques **(C)**.

A – Une réaction aux échecs successifs des actions groupées

En France, c'est en réaction aux échecs successifs des recours groupés[57] que les actions collectives conjointes se sont structurées. Pour preuve, la conceptualisation de l'action collective conjointe, telle qu'on la perçoit aujourd'hui, a pris une ampleur toute particulière à partir de l'année 2015, dans les mois suivant l'introduction de l'action de groupe dans le système judiciaire français par la loi du 14 mars 2014 sur la consommation. Selon les termes du Ministère chargé de l'économie et des finances, la nouvelle procédure de l'action de groupe était censée révolutionner le rapport de force entre les professionnels et les consommateurs[58]. Pourtant, par le Rapport d'information enregistré à la présidence de l'Assemblée nationale le 11 juin 2020[59], les

---

[57] Par « *recours groupé* », on entend ici le mécanisme de l'action de groupe au sens des lois du 17 mars 2014 relative à la consommation, du 26 janvier 2016 de modernisation de notre système de santé, du 18 novembre 2016 de modernisation de la justice du XXIe siècle, ainsi que les actions en représentation conjointe et les actions civiles en représentation de l'intérêt collectif.

[58] Ministère de l'économie, des finances et de la souveraineté industrielle et numérique, « *Qu'est-ce que l'action de groupe ?* », Centre de documentation Économie Finances (CEDEF), https://www.economie.gouv.fr/cedef/action-de-groupe, modifié le 16 juin 2020.

[59] P. Gosselin et L. Vichnievsky, « *Rapport d'information sur le bilan et les perspectives des actions de groupe* », n° 3085, enregistré à la Présidence de l'Assemblée nationale le 11 juin 2020, page 9.

députés Philippe GOSSELIN et Laurence VICHNIEVSKY ont conclu à un « *bilan décevant* » de ce dispositif. Il en ressort effectivement que, depuis 2014, seules « *21 actions de groupe ont été intentées, dont 14 en matière de consommation, trois dans le domaine de la santé, deux dans le domaine des discriminations et deux dans le domaine de la protection des données personnelles* ». Ce bilan est d'autant plus décevant qu'aucune des actions, lesquelles ont pourtant été intentées par des associations agréées et dotées d'une expertise notable dans leurs domaines d'intervention, n'a permis d'engager la responsabilité d'un professionnel.

Sur ce point, on rappellera en outre que l'action de groupe avait déjà pour finalité de pallier les insuffisances procédurales des actions en représentation conjointe et en défense des intérêts collectifs. Ainsi, ce « *bilan décevant* » de l'action de groupe symbolise en réalité les échecs successifs du législateur dans son ambitieuse recherche de conciliation, d'un côté, de la nécessité de donner aux consommateurs le pouvoir d'agir judiciairement, et avec efficacité, pour l'obtention de la réparation de leurs préjudices, et, de l'autre, le souci de garantir la sécurité juridique des entreprises et de l'économie[60].

---

[60] P. Moscovici, Ministre de l'Economie et des finances alors en exercice : « *nous avons cherché, et je le crois, trouvé (...) un équilibre sur l'action de groupe. Le texte est en effet ambitieux, notamment avec l'introduction d'une procédure simplifiée, et évite de tomber dans certains travers que l'on peut trouver de l'autre côté de l'Atlantique, car nous respectons les caractéristiques de notre*

Pour les plus critiques, dont certains représentants de la profession d'avocat, cet énième échec est essentiellement dû à l'enfermement de l'action de groupe dans un cadre règlementaire restrictif. Le législateur a effectivement entendu limiter son champs d'application et la qualité à représenter le groupe, tout en érigeant d'exigeantes conditions de recevabilité qu'en créant une nouvelle procédure critiquée pour sa rigidité et son inefficacité.

Sur la qualité à agir, et en matière de consommation par exemple, l'article L. 623-1 du Code de la consommation la restreint aux seules « *associations de défense des consommateurs représentatives au niveau national et agréées* ». Ainsi, la loi ne prévoit pas la possibilité pour un collectif de justiciables d'agir en justice dans le cadre de la procédure de l'action de groupe, y compris avec la représentation d'un avocat. Les justiciables sont alors entièrement dépendants de l'initiative des associations agréées pour faire valoir leurs droits collectivement. Il s'agit naturellement d'une limite importante au développement de l'action de groupe, même si, on se doit de le rappeler, l'action de groupe pour la défense des consommateurs jouit d'un caractère autonome vis-à-vis des actions de groupe exercées en matière de discrimination, de discrimination au travail, d'environnement, de données personnelles et dans le

---

économie. Ce texte ne créera, je veux le dire avec force et simplicité, pas de chasseurs de primes pourchassant les entreprises », Rapport d'information de l'Assemblée nationale, 11 juin 2020, Page 5.

domaine de la santé pour lesquelles un socle commun plus flexible a été instauré par le titre V de la loi n° 2016-1547 du 18 novembre 2016 de modernisation de la justice du XXIème siècle[61]. Pour ces dernières catégories d'action de groupe, le législateur a fait preuve davantage de souplesse en réservant le monopole de l'action de groupe aux associations agréées dans ces domaines, mais également aux associations régulièrement déclarées depuis cinq ans au moins, et dont l'objet statutaire comporte la défense d'intérêts auxquels il a été porté atteinte.

Quant aux conditions de recevabilité de l'action de groupe, il s'agit pour l'association représentante de démontrer, dans le domaine autonome de la consommation, « *l'existence d'une pluralité de consommateurs, placés dans une situation similaire ou identique, sollicitant réparation de préjudices individuels patrimoniaux résultant d'un dommage matériel. Ces préjudices ayant pour cause commune un manquement d'un ou des mêmes professionnels à une obligation légale ou contractuelle à l'occasion de la vente de biens ou de la fourniture de services ou résultant d'une pratique anticoncurrentielle* »[62]. On relèvera toutefois que ces quatre conditions de recevabilité principales ont été interprétées largement par un jugement du tribunal

---

[61] Editions Législatives, « *Un dispositif commun pour les actions de groupe* », La Veille permanente, Droit public, 21 novembre 2016.

[62] K. Haeri et B. Javaux, « *Action de groupe en matière de consommation : conditions de recevabilité et charge de la preuve* », Dalloz Actualité, 22 juillet 2020.

judiciaire de Versailles du 4 juin 2020[63] portant rejet au fond l'action de groupe de l'association de consommateurs « *CLCV* » à l'encontre de « *BMW France* ». Cette action visait, sur le fondement de la garantie des vices cachés, la réparation des préjudices économiques individuels subis par des consommateurs ayant acquis une moto « *BMW* » équipée d'un modèle de suspension qui a fait l'objet d'une campagne de rappel en juin 2014 en raison de la suspicion d'un défaut de qualité. Le juge versaillais a effectivement rejeté les fins de non-recevoir soulevées par « *BMW France* », dont celle qui prétendait que la garantie de vice-caché ne constituait pas un manquement à une obligation légale ou contractuelle au sens du Code de la consommation. A ce moyen, le Tribunal judiciaire de Versailles a répondu que l'esprit du législateur, en instaurant l'action de groupe, était de permettre à plusieurs victimes d'un même manquement d'obtenir la réparation de leurs préjudices, et ce, « *quels que soient la nature et le fondement de ce manquement* ». Ce faisant, c'est sur le fond de l'affaire que les demandes formulées par l'association « *CLCV* » ont été rejetées, en raison notamment de l'absence de preuves produites par l'association de l'existence des vices cachés allégués. Mais si les conditions de recevabilité des actions de groupe en droit de la consommation peuvent désormais s'interpréter avec plus de souplesse, elles n'en demeurent pas moins un obstacle au développement de ce dispositif, à l'image des restrictions relatives à la nature des

---

[63] Tribunal judiciaire de Versailles, 4 juin 2020, n° 15/10221.

préjudices indemnisables. On l'a vu, l'action de groupe *« ne peut porter que sur la réparation des préjudices patrimoniaux résultant des dommages matériels subis par les consommateurs »[64]*. La loi du 17 mars 2014 sur la consommation exclut ainsi la réparation des préjudices résultant de dommages corporels ou des préjudices moraux résultant d'un dommage matériel. Cela interroge, au demeurant, sur l'application effective du principe de réparation intégrale des préjudices. En la matière, l'adage *« tout le préjudice, rien que le préjudice »* ne saurait donc, par la seule mise en œuvre de l'action de groupe, trouver sa pleine application. Sur la nature des dommages réparables aussi, les domaines de l'environnement, de la santé, des discriminations au travail, ou encore de la protection des données personnelles ont bénéficié d'un régime de réparation des préjudices plus complet. Le mécanisme de l'action de groupe en matière de litiges concernant les produits de santé permet, contrairement aux litiges de consommation, d'indemniser les préjudices individuels patrimoniaux et extrapatrimoniaux résultant de dommages corporels subis par un groupe d'usagers, en raison d'un même manquement à une obligation légale ou contractuelle d'un producteur, d'un fournisseur de produits de santé, ou encore d'un prestataire de soins utilisant de tels produits. De même, en matière environnementale, l'action de groupe tend à l'indemnisation des préjudices matériels et corporels subis par des personnes physiques ou morales résultant d'un

---

[64] Article L. 623-2 du Code de la consommation.

dommage causé à l'environnement par une même personne et ayant pour cause commune un manquement de même nature à ses obligations légales ou contractuelles. Dans le domaine des discriminations subies au travail ou dans l'obtention d'un stage ou d'un emploi, le législateur a aussi rendu possible la réparation des préjudices économiques et moraux liés à la discrimination, tout comme en matière de protection des données personnelles, où la réparation des préjudices matériels et moraux est envisageable.

Si, de prime abord, et à la lecture des seules conditions de recevabilité de l'action de groupe, il peut sembler difficile d'expliquer l'échec de l'action de groupe, la réalité est tout autre lorsqu'on se penche sur les diverses exigences procédurales rattachées à un tel dispositif. On notera d'abord que la procédure de l'action de groupe s'articule, dans la plupart des cas, autour de trois étapes : un premier jugement portant sur la responsabilité du professionnel, et le cas échant, sur la fixation des modalités d'indemnisation, une deuxième phase, hors judiciaire, d'indemnisation effective des demandeurs, durant laquelle le juge peut être saisi par les demandeurs en cas de difficulté d'exécution du premier jugement, et enfin, un dernier jugement constatant la liquidation des préjudices et l'extinction de l'action de groupe. Un tel schéma procédural soulève de nombreuses difficultés en ce notamment que le mécanisme de l'action de groupe repose sur le principe de *l'opt-in*[65], exigeant que les membres de l'action de groupe manifestent leur volonté d'agir. Néanmoins, les associations ne sont absolument pas libres de mener, comme bon leur semble, les campagnes de communication visant à identifier et à informer les justiciables potentiellement concernés. En effet, les modalités d'inscription à toute action de groupe, dont les règles de publicité et de communication relatives à l'action, doivent obligatoirement être définies et encadrées par le juge saisi de l'action. Et si la publicité en la matière est souvent interdite, elle est, en tout état de cause, toujours extrêmement encadrée. De plus, les campagnes d'informations autorisées par le juge ne peuvent être mises en œuvre qu'une fois qu'un jugement retenant la responsabilité du professionnel a été rendu. Partant, les associations se heurtent à de sérieuses difficultés pour identifier les personnes concernées par l'action et donc pour quantifier leurs préjudices. Cette restriction représente, de toute évidence, un obstacle majeur pour le développement et la réussite de l'action de groupe. S'il s'agit là d'une préoccupation légitime de la part du législateur de réduire le risque de campagnes de

---

[65] Latham & Watkins, Client Alert Commentary, n° 1668, 25 mars 2014 : « *à la différence de la « class action » américaine qui suit la règle du « opt-out », l'action de groupe repose sur un système d' « opt-in » dans lequel le consommateur doit adhérer explicitement au groupe à l'égard duquel la responsabilité du professionnel est engagée et formuler une demande individuelle d'indemnisation une fois cette responsabilité établie ou, en cas de procédure simplifiée, doit expressément consentir à l'indemnisation* ».

communication dénigrantes vis-à-vis des professionnels dont la responsabilité n'a pas été engagée, toujours est-il qu'un tel frein rend la procédure de l'action de groupe inefficace. C'est la raison pour laquelle le Rapport d'information précité préconise (outre la mise en place, bien moins controversée, par le Ministère de la Justice et le Conseil National des Barreaux d'un registre des actions de groupe) d'accorder aux associations l'autorisation de « *faire de la publicité de l'action de groupe qu'elles souhaitent intenter afin de faciliter l'identification du nombre de consommateurs lésés et quantifier le montant du préjudice »*[66].

Les délais inhérents aux procédures de l'action de groupe méritent également une attention particulière en ce qu'ils constituent, sans nul doute, un facteur de ralentissement de leur développement. D'abord, et avant même l'introduction de l'action de groupe, un long délai suivant une mise en demeure préalable obligatoire est à prévoir. Ce délai est de quatre mois en matière d'environnement et de protection des données personnelles et de six mois en matière de discriminations au travail. Considéré comme un délai « *excessif »*[67] par Madame Françoise KAMARA, doyenne de la 1ère chambre civile de la Cour de cassation, le Rapport d'information législatif conclut non seulement à la

---

[66] P. Gosselin et L. Vichnievsky, « *Rapport d'information sur le bilan et les perspectives des actions de groupe »,* n° 3085, enregistré à la Présidence de l'Assemblée nationale le 11 juin 2020, page 50.

[67] Ibdem, page 61.

nécessité de réduire le délai, mais catégoriquement à la suppression de l'exigence de mise en demeure préalable. Puis, une fois l'action de groupe introduite, les délais procéduraux s'avèrent plus longs que dans le cadre d'une démarche judiciaire individuelle. Cela est essentiellement dû aux incontournables diligences à accomplir devant le juge de la mise en état, qui, à ce jour, ne dispose pas de la compétence de prononcer une quelconque mesure sur le fond de l'affaire. On précisera que la loi du 17 mars 2014 sur la consommation a introduit une procédure simplifiée, conditionnée à la connaissance préalable de l'identité et du nombre de consommateurs lésés, ainsi qu'au montant de leurs préjudices, lesquels doivent être identiques. Néanmoins, de telles exigences pour bénéficier d'une simplification procédurale rendent son utilisation marginale. Par ailleurs, la complexité des questions juridiques souvent soulevées par les actions de groupe peut ajouter une charge temporelle extrêmement importante dans le cadre de leur instruction. A titre indicatif, les actions introduites en matière de santé sont le terrain de vifs débats juridiques, notamment quant à la cruciale question de l'imputabilité des dommages[68]. Dans certains cas, l'expert judiciaire pourrait intervenir plusieurs années après les faits pour être en mesure de conclure si un préjudice corporel a directement été causé par le défaut d'un produit. C'est pourquoi l'ancien garde

---

[68] APREF, « *Les actions de groupe issues de la loi n°2016-1547 du 18 novembre 2016 de modernisation de la justice du XXIème siècle : cadre général, bilan & perspectives en réassurance* », juin 2019.

des sceaux, Monsieur Jean-Jacques URVOAS, affirmait, au sujet des actions de groupe dans ce domaine, que *« si les professionnels visés se défendent jusqu'au bout (ce qui est leur droit le plus strict), l'issue de l'action de groupe ne sera pas connue avant une dizaine d'années au mieux, en comptant les périodes d'expertise et l'exercice des voies de recours »*[69].

Pareillement, la procédure de l'action de groupe soulève des freins liés à l'effectivité de l'égalité des armes dans la procédure, concernant notamment la charge de la preuve, laquelle pèse sur les demandeurs. De ce fait, l'issue de l'action de groupe dépend, très souvent, des moyens matériels et financiers mis en œuvre par l'association. Or, la question du financement des actions de groupe par les associations agréées représente un autre écueil de taille. Les associations ne peuvent se voir attribuer une indemnisation financière et doivent se contenter d'obtenir le remboursement des frais d'instance sur le fondement de l'article 700 du Code de procédure civile ou de L. 761-1 du Code de justice administrative. La question du financement des actions de groupe s'avère d'autant plus capitale lorsqu'on sait que les membres de l'action de groupe n'ont nullement l'obligation d'adhérer à l'association et ne contribuent pas financièrement à leur formation. L'association se trouve ainsi contrainte d'avancer l'ensemble des frais de l'action et ne peut compter qu'avec ses seuls fonds propres. Si, en matière de

---

[69] A. Schwyter, *« Pourquoi les actions de groupe ne servent (pour l'instant) à rien »*, Challenges.fr, 14 octobre 2016.

consommation, la loi du 17 mars 2014 sur la consommation a prévu la possibilité pour l'association d'obtenir le versement d'une provision sur le remboursement des frais judiciaires, y compris sur les honoraires d'avocats engagés par l'association[70], celle-ci ne peut intervenir qu'après la décision portant sur la responsabilité du professionnel. De plus, dans le cadre du Rapport d'information ci-avant développé, l'association *« Familles rurales »* rappelle que ces associations ne peuvent, *« dans le meilleur des cas, espérer qu'une couverture partielle de ses frais d'avocat par l'intermédiaire de l'article 700 du code de procédure civile »* et que *« le temps de travail souvent important n'est pas pris en compte »*[71]. Dans ces conditions, le modèle économique des actions de groupe serait nécessairement déficitaire pour les associations et les organisations syndicales.

Face à ces constats, les propositions de réforme de l'action de groupe fusent, à l'instar des 13 propositions formulées par les députés rapporteurs, lesquels préconisent, *in fine*, l'instauration d'une action collective universelle basée sur un socle procédural commun beaucoup plus flexible qu'en l'état actuel. Mais d'autres solutions ont également été mises en avant par les acteurs judiciaires. Ainsi, le premier président de la Cour d'appel

---

[70] Article 623-12 du Code de la consommation.

[71] P. Gosselin et L. Vichnievsky, *« Rapport d'information sur le bilan et les perspectives des actions de groupe »*, n° 3085, enregistré à la Présidence de l'Assemblée nationale le 11 juin 2020, page 56.

de Paris, Monsieur Jean-Michel HAYAT, concluait dans son rapport sur les Chantiers de la justice, à l'introduction en droit interne de la *« procédure de l'arrêt pilote »*[72]. Cette procédure faciliterait le traitement des contentieux sériels. Consacrée par la Cour européenne des droits de l'Homme[73], la procédure de l'arrêt pilote est déjà omniprésente chez nos voisins allemands.

C'est donc dans un esprit plutôt disruptif vis-à-vis de l'action de groupe que se sont structurées les actions collectives conjointes, dont la célérité, la flexibilité et la simplicité semblent avoir convaincu les avocats et leurs clients. Me Denis CHEMLA, Avocat au Barreau de Paris et l'un des membres du Conseil de l'Ordre à l'initiative de la plateforme *« avocats-actions-conjointes »,* lancée par le Barreau de Paris en 2015, met en lumière la rigidité du dispositif de l'action de groupe : *« le législateur a enfermé l'action de groupe dans un carcan de conditions, et l'a réservé aux seules associations de consommateurs qui ne sont pas capables de les mener. De son côté, l'action conjointe est beaucoup plus facile à mener ».*

La profession d'avocat s'est alors naturellement approprié les actions collectives conjointes. Et pour cause, certains avocats estiment être les premiers exclus du dispositif de l'action de groupe en ce qu'ils ne peuvent représenter directement un collectif de justiciables.

---

[72] T. Coustet, *« La « procédure de l'arrêt pilote » entre les mains de la garde des Sceaux »,* Dalloz Actualité, 26 mars 2018.

[73] CEDH, 22 juin 2014, n° 31443/96, Broniowski c/ Pologne.

Pourtant, les représentants des associations agréées affirment, au contraire, que les avocats ne sont pas exclus de la procédure, *« ne serait-ce que parce que, de toutes façons, ils représentent l'association »*[74]. Sur ce point, le législateur semble privilégier le *statu quo* : à la lecture du Rapport d'information, il n'entend pas élargir la qualité à agir et à représenter aux avocats[75]. C'est donc vers les règles de procédure de droit commun et la conceptualisation d'un modèle d'action collective conjointe que les avocats se sont tournés. Ces derniers ont ainsi vu dans ce mode d'action judiciaire l'opportunité de rester un acteur majeur dans la défense collective des consommateurs et des justiciables. Et ce, alors que l'action de groupe les plaçait au second plan dès lors qu'ils devaient se contenter d'intervenir en tant que conseils et représentants non pas des justiciables, mais des associations disposant, elles, de la qualité à agir. Grâce aux prouesses des outils technologiques permettant de gérer la masse de documents et de clients, le recours aux règles procédurales traditionnelles s'est vite imposé comme une opportunité en ce qu'il rendait possible la représentation directe de leurs clients dans le cadre d'une défense

---

[74] C. Musso, Directeur de l'action politique de l'UFC-Que choisir, Propos recueillis par A. Dorange, Rédaction du Village de la Justice, *« Bilan de l'action de groupe en concurrence-consommation : les craintes se sont vérifiées et les réserves se sont renforcées »*, 1er juillet 2020.

[75] P. Gosselin et L. Vichnievsky, *« Rapport d'information sur le bilan et les perspectives des actions de groupe »*, n° 3085, enregistré à la Présidence de l'Assemblée nationale le 11 juin 2020, page 50.

collective. Les avocats ont alors investi dans ces outils numériques permettant de développer le recours à l'action collective conjointe. Et le pari s'est avéré plutôt gagnant. En effet, en matière de publicité et de communication des actions collectives conjointes, seules les contraintes déontologiques et règlementaires s'imposent à l'avocat, de sorte que l'identification et le rassemblement des justiciables ne sont pas conditionnés à l'engagement de la responsabilité de la partie adverse et aux limites imposées par le juge. Cela en va de même pour les problématiques liées au financement des actions collectives. La démarche conjointe permet un financement mutualisé des actions par les justiciables eux-mêmes, de manière totalement indépendante des associations. L'auto-financement mutualisé de l'action par les justiciables a ainsi été l'un des principaux leviers de développement de ce mode d'action collective. Aussi, la flexibilité procédurale offerte par les règles de procédure de droit commun permet aux avocats, contrairement à l'action de groupe, d'agir vite et de bénéficier des solutions procédurales pour résoudre plus rapidement un litige en s'appuyant par exemple sur les référés judiciaires, les citations directes en matière pénale ou encore sur les référés conservatoire, liberté et suspension en contentieux administratif.

Derrière l'essor des actions collectives conjointes, se cache de réelles opportunités de marché. Défendre, contre rémunération, des centaines de justiciables faisant face à un litige identique ou similaire constitue, de toute évidence, une opportunité de développement pour les cabinets d'avocats. D'importants volumes d'affaires sont ainsi générés par une seule action collective. Si ces retours financiers peuvent, tel qu'il est pointé du doigt par les critiques les plus réticents, attirer des avocats intéressés, voire cupides, ils font l'objet d'utilisations diversifiées. Certains avocats revendiquent la réinjection de ces fonds dans l'action collective initiée[76], en finançant par exemple l'intervention d'une expertise qui n'était pas nécessairement prévue dans le budget de départ. D'autres, adopteront une approche mutualiste, voire sociétale, plus générale, en affirmant que les fonds récoltés par les actions collectives les plus rentables permettront de financer d'autres actions dont le financement s'avère impossible[77]. Enfin, certains avocats justifient l'utilisation de ces fonds

---

[76] C'est le cas de l'action collective « *On attaque Amazon en justice* », où les contributions financières des demandeurs ont été placés dans un « *fonds de sécurité* » destiné à couvrir toute dépense imprévue ou incertaine, telles qu'une éventuelle condamnation au paiement des frais de procédure au titre de l'article 700 du Code de procédure civile. Les demandeurs n'ayant en l'espèce pas été condamnés par le juge de la mise en état au paiement des frais des avocats engagés par « *Amazon* », les fonds ont finalement été attribués au financement des frais de postulation et à l'intervention d'une juriste spécialisée dans les questions procédurales, dans le but de sécuriser la procédure judiciaire intentée.

[77] Selon les fondateurs de la plateforme « *V pour Verdict* », les actions collectives gratuites, pouvant relever de « *l'intérêt général* », avaient vocation à être financées par les résultats obtenus grâce à d'autres actions judiciaires. C'est le cas par exemple d'une mobilisation collective, organisée à Lyon, visant à engager la responsabilité administrative de la Ville de Lyon et de l'Etat durant les pics de pollution (action collective « *Pollution de l'air à Lyon* »).

simplement par la qualité de l'intervention juridique dédiée au dossier, en ce qu'ils seront en mesure de se focaliser sur la résolution des questions juridiques, voire de collaborer avec d'autres confrères spécialisés sur les questions de droit pouvant être posées par l'affaire. Une telle diversité se reflète aussi dans les modèles économiques adoptés par les avocats. Quand certains se contenteront d'un modèle classique d'une rémunération forfaitaire mutualisée entre les justiciables, d'autres oseront la mise en place d'une sorte d'abonnement mensuel durant la durée de la procédure, ou d'une rémunération au résultat. A ce sujet, si le pacte de *quota litis*[78] est interdit en France, certains avocats ont pu envisager des modèles économiques hybrides basés sur une rémunération avec un honoraire fixe, couplée à une rémunération variable au résultat en cas de succès de l'action. Force est donc de constater que les avocats ont fait appel à leur imagination pour rendre le recours à l'action collective conjointe viable, voire prospère.

Côté justiciables, c'est par la liberté d'action offerte par l'action collective conjointe qu'ils semblent avoir été conquis. C'est effectivement sans dépendre des initiatives associatives que toute personne estimant disposer d'un intérêt à agir à l'action collective peut s'y inscrire, sa recevabilité individuelle étant ensuite contrôlée

---

[78] Article 11.3 du RIN : « *le pacte de quota litis est une convention passée entre l'avocat et son client avant décision judiciaire définitive, qui fixe exclusivement l'intégralité de ses honoraires en fonction du résultat judiciaire de l'affaire* ».

par l'avocat. Mais surtout, l'action collective conjointe offre à chaque justiciable un traitement individualisé, que ce soit par son avocat ou par la juridiction saisie de l'affaire. Ce dernier reste donc libre, à tout moment, de se désister individuellement de l'action pour procéder, par exemple, à une négociation amiable avec le professionnel concerné. Etant contractuellement lié à son avocat à titre individuel, ce dernier engage sa responsabilité envers chacun de ses clients et il est tenu de prendre en compte les spécificités que peuvent présenter chaque situation personnelle. De même, la juridiction, si elle dispose de la possibilité de joindre plusieurs instances et de répondre collectivement à une question de droit, reste tenue d'apprécier les conditions de recevabilité à l'égard de chacun des justiciables et, en cas d'engagement de la responsabilité du professionnel assigné, de statuer, individuellement, sur l'indemnisation de la réparation intégrale du préjudice de chacun des demandeurs concernés.

B – La profession d'avocat en leadership d'un mouvement collectif

L'essor de l'action collective conjointe s'inscrit dans une véritable dynamique collaborative. En effet, les actions intentées au cours de ces cinq dernières années ont démontré que l'avocat chargé d'un contentieux collectif ne peut que difficilement « faire cavalier seul ». En pratique, il collabore avec ses confrères, avec des associations et, plus largement, avec les acteurs du monde économique.

Ainsi, des slogans tels que « *l'union fait la force* » et « *I can't but we can* » revendiqués respectivement par les plateformes en ligne « *MyLeo* » et « *V pour Verdict* » s'appliquent non seulement aux justiciables, mais également aux avocats. Si l'action collective conjointe permet un rassemblement de moyens et de force des justiciables, elle exige l'union de l'avocat avec tout un réseau de partenaires disposant de compétences complémentaires aux siennes, qu'elles soient de nature juridique ou non. On appréhende alors l'action collective conjointe dans son ensemble : le recours judiciaire conjoint à proprement parler d'une part, mais l'ensemble des étapes de son cycle de vie extra-juridique, et notamment la phase de publicité et des actions de communication visant le rassemblement des justiciables.

Par suite, le phénomène de la collectivisation des intérêts individuels s'illustre aussi dans l'organisation et la structuration d'une action collective conjointe. L'avocat, s'il reste, par le principe d'indépendance intrinsèquement lié à sa profession, chef d'orchestre de l'action, s'appuie sur une véritable équipe. Il peut s'agir d'autres confrères, d'instances professionnelles telles que l'Ordre des avocats de son barreau d'exercice, ou d'associations à but non lucratif dont les intérêts convergent avec ceux visés par les prétentions de l'action, ou encore de justiciables à l'origine de l'action (désignés comme « *plaignants 0* »), lesquels peuvent, par leur engagement militant ou judiciaire, jouer un rôle crucial dans la réussite d'une action. Enfin, il arrive que les avocats collaborent, de manière plus ou moins étroite, avec certains acteurs du monde économique.

Si les partenariats se démultiplient, l'avocat assume le rôle de *leader* de toute action collective conjointe. C'est effectivement ce dernier qui est contractuellement lié aux justiciables, auprès desquels il engage sa responsabilité professionnelle. C'est en outre l'avocat, connaisseur du droit, qui va déterminer les questions centrales liées à l'action collective, telles que celles relatives aux fondements juridiques et procéduraux à mobiliser. Enfin, et surtout, c'est à l'avocat que revient la charge d'apprécier les risques inhérents au recours collectif pour lequel il envisage d'œuvrer, et d'en informer ses clients. L'information préalable des risques est un enjeu majeur pour l'avocat. Pour cause, la frontière entre une simple pétition, n'emportant pas de risques concrets pour les signataires et une action judiciaire, est parfois poreuse. Il revient donc à l'avocat de s'assurer que ses clients s'engagent dans une action judiciaire en toute connaissance de cause, d'autant plus que les risques relatifs à un recours judiciaire peuvent être importants. Il y a d'abord le risque, compte tenu de l'aléa judiciaire, de perdre un procès. Outre les implications économiques propres à chaque affaire, il existe un risque judiciaire immédiat rattaché à la possibilité pour la partie adverse de demander au juge la condamnation de la partie perdante au remboursement des frais d'instance engagés[79]. Nous serions tentés d'affirmer que, compte tenu de l'obligation faite au juge de tenir compte de l'équité et de la situation économique des parties, ce risque de condamnation au paiement des frais d'instance peut être relativisé. L'action visant à engager la responsabilité civile de la société « *Amazon* » par des centaines de contribuables français peut l'illustrer. Cette action a donné lieu à une ordonnance de rejet par le juge de la mise en état du Tribunal judiciaire de Nanterre fondée sur une incompétence matérielle. Cette décision, extrêmement motivée, relève qu'« *au regard de la nature du litige, de la disparité évidente dans les situations économiques respectives des parties et du caractère excusable de l'erreur des demandeurs qui pouvaient se méprendre sur la procédure applicable à leurs prétentions qui expriment, par-delà leur témérité et les obstacles insurmontables, y compris sur le terrain de l'intérêt et de la qualité à agir, qui se dressent devant elles, une interrogation d'importance indépendamment de la possibilité de sa traduction juridique, les demandes des sociétés Amazon seront rejetées sur le fondement de l'article 700 du code de procédure civile* »[80]. En revanche, d'autres affaires collectives nous rappellent qu'un tel risque n'est pas complètement à écarter. Dans l'une des

---

[79] Article 700 du Code de procédure civile ou L. 761-1 du Code de justice administrative.
[80] Tribunal judiciaire de Nanterre, 1ère Chambre, ordonnance de mise en état, 12 mai 2022, n° 21/06287.

actions visant la reconnaissance d'un « *droit de refus* »[81] pour les opposants des compteurs dits « *Linky* », le Tribunal judiciaire de Mâcon a débouté 104 demandeurs et les ont condamnés au paiement de 5.000 euros au titre de l'article 700 du Code de procédure civile, soit près de 50 euros par demandeur débouté. Il s'agit également de souligner un risque particulièrement controversé en matière d'action collective conjointe : celui lié aux accusations de diffamation pouvant être mises en avant par les parties adverses. Il incombe alors à l'avocat de veiller, dans le cadre de la publicité et de la communication faite autour de son recours judiciaire, que celles-ci soient en conformité avec les règles législatives en matière de diffamation, en s'assurant notamment que les reproches publiquement faite aux professionnels concernés puissent être appuyés par des éléments factuels et matériels et fondés sur des arguments juridiques clairs. D'autant plus que, les accusations de diffamation, si elles sont sérieuses, peuvent faire l'objet d'une demande reconventionnelle devant les juridictions.

On s'intéressera alors à la créativité avec laquelle les avocats agissent sur le terrain de l'action collective conjointe. Il est courant que des actions collectives conjointes soient « co-portées » par différents avocats ayant de compétences juridiques complémentaires. C'est

---

[81] « *Compteurs Linky. Une centaine d'opposants réclamant un « droit de refus » déboutés par la justice* », Ouest France, 10 mai 2022.

ainsi que l'association « *Alert Phonegate* »[82], a constitué un collectif d'avocats français et internationaux publicistes, privatistes et pénalistes susceptibles d'intervenir auprès de tous les tribunaux français aux fins de réparation des préjudices allégués par leurs membres. Aussi, l'essor de l'action collective conjointe ne serait pas le même sans l'implication des instances locales de l'Ordre des avocats. Ces dernières se sont effectivement montrées sensibles au recours à l'action collective conjointe en tant qu'outil facilitateur d'accès à la justice et de rapprochement des justiciables des avocats. Dans un premier temps, c'est le Barreau de Paris, sous l'impulsion du bâtonnier Pierre-Olivier SUR, qui est allé jusqu'à investir 42.000 euros[83] dans le développement de la plateforme en ligne « *avocats-actions-conjointes* » qui donnait la possibilité aux avocats parisiens de publier leur actions et de faciliter l'inscription de leurs clients. Si la durée de vie de cette plateforme a été très courte (une année d'exercice) en raison du manque « *d'efforts financier et humain supplémentaire* »[84] et de questions stratégiques et de positionnement concurrentiel vis-à-vis des associations agréées non résolues[85], elle a permis

---

[82] Selon le Dr. Marc Arazi, président de l'association, son objectif est de « *protéger la santé des milliards d'utilisateurs quotidiens surexposés depuis plus de 20 ans aux ondes de leurs téléphones portables et aider à défendre les victimes et malades des conséquences de la tromperie des fabricants* ».

[83] D. Chemla, « *Rapport sur le site avocats-actions-conjointes.com* », Ordre des avocats de Paris, 4 décembre 2016.

[84] Ibdem.

[85] Ibdem.

d'impulser une dynamique en faveur des actions collectives au sein de la profession. D'autres initiatives, plus pérennes, ont alors vu le jour. Dans un second temps, c'est le Barreau de Lyon qui s'est attaqué à la problématique de l'action collective conjointe. Par le biais de son Incubateur[86] de projets portés ou co-portés par des avocats lyonnais, le Barreau de Lyon a effectivement soutenu la création et le développement de notre plateforme lyonnaise *« V pour Verdict »*. La « Commission Innovation » du Barreau de Lyon a ainsi joué un rôle indispensable de conseil durant le développement de notre plateforme, concernant notamment les questions relatives au respect par l'avocat de la déontologie appliquée dans une action collective conjointe. De même, le bâtonnier de Lyon est intervenu, à plus d'une reprise, en tant que régulateur de conflits déontologiques qui ont pu apparaître entre les avocats des justiciables et ceux des professionnels mis en cause.

Ainsi, et à l'image de la plateforme *« V pour Verdict »,* les avocats ont été menés à collaborer avec les acteurs du monde économique. Avant d'être reprise par Me Arnaud DURAND, la plateforme appartenait à la *« SAS V pour Verdict »* (liquidée en juillet 2021) de laquelle j'étais le président. Cette société était donc statutairement étrangère à la profession d'avocat. Mais plus largement, l'ouverture et l'intérêt des avocats aux solutions et prestations de services privées viennent d'une nécessité de recourir à de solutions innovantes leur

---

[86] https://www.incubateurbarreaulyon.com/.

permettant de mieux gérer et d'optimiser la masse de dossiers et de documents générés par une action collective. En la matière, il est ainsi courant que l'avocat ait recours à des services extérieurs, tels que le conseil en communication et en gestion des réseaux sociaux, l'accès à des outils de gestion de projet, ou encore à des services de paiement en ligne ou de signature électronique de leurs conventions d'honoraires. Par ailleurs, et au-delà des solutions proposées par entreprises privées, certains avocats ont pu développer, eux-mêmes, leur solution digitale. C'est le cas de Me Christophe LEGUEVAQUES, qui a créé sa propre plateforme spécialisée dans les actions collectives conjointes, *« MyLeo »*. La coopération initiée par ces avocats avec les acteurs du monde économique démontre non seulement une dynamique d'interprofessionnalité sans précédent, mais, réciproquement, l'intérêt que les acteurs économiques portent sur le développement des actions collectives pour lesquelles les avocats sont saisis. Sur ce point, l'intérêt qui suscite ce type de contentieux a été traduit par un investissement à hauteur de 200.000[87] euros du fonds d'investissement *« Phitrust »* au bénéfice du développement de la plateforme *« V pour Verdict »*. Ce fonds d'investissement spécialisé dans l'économie sociale et solidaire a vu chez notre plateforme, à tort ou à raison, une réelle opportunité de faciliter largement l'accès à la justice par le développement d'une solution pragmatique de mutualisation des frais judiciaires et d'avocats.

---

[87] https://www.maddyness.com/entreprise/v-pour-verdict/.

Les associations, quant à elles, participent activement au développement des actions collectives conjointes. Si dans le cadre de l'action de groupe, le rôle de premier protagoniste leur est attribué, leur l'intervention en matière d'action collective conjointe est plutôt secondaire. Pour cause, c'est en soutien des avocats que les associations interviennent. Et ce, sur deux plans. D'abord, ces associations apportent une expertise technique essentielle à la résolution d'un litige collectif, laquelle s'inscrit en complément de l'expertise juridique dont seul l'avocat a la charge. Ensuite, les associations disposent, contrairement aux avocats, d'un public captif et déjà sensibilisé aux litiges en cause. Elles jouissent donc d'un important pouvoir de communication pouvant être mis au service de l'action. Et lorsqu'elles apportent leurs propres expertises techniques à la création du projet d'action, ces associations se montrent peu hésitantes à faire passer le message porté par l'action, et parfois, avec plus d'énergie que ne le font les avocats. Nombreuses sont les actions collectives conjointes pouvant illustrer ces synergies. En 2019, Me Christophe LEGUEVAQUES a été saisi par des personnes résidant en Martinique et en Guadeloupe qui auraient été exposées, voire contaminées[88] par le Chlordécone[89]. Il a ainsi constitué un

---

[88] https://myleo.legal/fr/products/chlordecone.
[89]   Selon   la   plateforme « *MyLeo* » (https://myleo.legal/fr/products/chlordecone) :
    « *Après des recherches en France et aux USA, il est apparu que 92 % de la population des Antilles ont été exposés à un pesticide dont la dangerosité est connue, au moins, depuis 1960. Devant une*

groupe de justiciables afin de rassembler leur force et d'obtenir de la part de l'Etat la réparation d'un préjudice moral d'anxiété. Si cette action collective est portée par Me Christophe LEGUEVAGUES et ses confrères partenaires, l'Association *« VIVRE »* et le *« CRAN »* (Conseil Représentatif des Associations Noires de France) ont joué un rôle crucial dans son lancement en se montrant très actifs dans la diffusion et la promotion des informations techniques relatives aux effets de l'exposition des populations antillaises au chlordécone. Dans le même sens, Me Elias BOURRAN, avocat au Barreau de Paris et ancien membre du collectif d'avocats de l'association *« Alert Phonegate »*, a représenté près de

---

telle situation, l'action collective conjointe présente l'avantage de réunir des personnes dans des situations juridiques identiques. Mais, pour éviter une expertise individuelle, dans un premier temps, il est nécessaire de réclamer l'indemnisation du seul préjudice moral. Ce préjudice moral concerne toutes les personnes exposées, qu'elles soient malades ou en bonne santé. Le préjudice d'anxiété ou d'angoisse résulte du fait que l'exposition au Chlordécone peut être à l'origine de maladies mortelles ou affecter le développement psychomoteur des enfants. En effet, ce biocide est un perturbateur endocrinien. Si les personnes sont malades, elles pourront, dans une seconde procédure, réclamer l'indemnisation de leur préjudice corporel. L'action collective conjointe est tout indiqué parce qu'il existe des preuves abondantes des fautes commises par l'Etat depuis 1972. Il n'est pas besoin d'attendre les résultats de l'enquête pénale qui sanctionnera – espérons-le ! – les coupables. Les fautes sont tellement évidentes que l'on peut demander réparation du préjudice moral ici et maintenant. »

60 plaignants dans le cadre d'une plainte collective[90] déposée au pôle santé du Parquet de Paris. Les plaignants représentés par Me BOURRAN sollicitaient l'indemnisation des préjudices qui leur auraient été causés par des pratiques commerciales trompeuses et par la surexposition aux ondes électromagnétiques causée par les manquements réglementaires du fabricant chinois « Xiaomi »[91]. L'association, présidée par le Dr. Marc

---

[90] « Xiaomi fait face à une action collective pour son DAS trop élevé », Frandoid, 16 avril 2019.

[91] Selon Me E. Bourran et l'association « Alert Phonegate » (https://vpourverdict.com/action-collective-phonegate-xiaomi/) :

« Dans un rapport publié en juillet 2016, l'ANSES (Agence nationale de sécurité sanitaire de l'alimentation, de l'environnement et du travail) recommande aux pouvoirs publics : « [...] d'assurer en toutes circonstances le respect des valeurs limites d'exposition réglementaires, quels que soient les dispositifs émetteurs mobiles utilisés et leurs conditions d'utilisation (positionnement au contact du corps). »

En effet, le Débit d'Absorption Spécifique (DAS) est l'indicateur de mesure thermique des ondes, et les fabricants doivent mettre sur le marché des téléphones conformes à un seuil réglementaire de DAS afin de protéger au mieux la santé des usagers, en particulier des enfants. Pour autant, le fabricant Xiaomi a mis sur le marché des téléphones mobiles non conformes à la réglementation :

- le Redmi Note 5 ;
- le Mi Mix 2S.

Ces téléphones ont été mesurés par l'Autorité Nationale des Fréquences (ANFR) avec des seuils de DAS bien plus élevés que ceux présentés sur le lieu de vente, dans la notice ou les publicités. D'ailleurs le Xiaomi Redmi Note 5 est le premier téléphone mobile épinglé en France pour le dépassement réglementaire du DAS au niveau de la tête. En commercialisant des téléphones mobiles non

ARAZI, ancien médecin, lanceur d'alerte et expert sur les questions techniques relatives aux effets des ondes électromagnétiques sur la santé humaine, a été pro-active dans la campagne de communication autour de l'action collective. Enfin, le même avocat, Me Elias BOURRAN, a également coopéré avec l'association *« FNE Environnement »* qui a apporté son expertise technique dans la préparation d'une action collective conjointe qui visait le constructeur *« Renault »*[92] dans le cadre du scandale dit du *« Dieselgate »*.

---

conformes, nous diligentons une action pénale afin de faire condamner XIAOMI pour les infractions suivantes :
  - Tromperie ;
  - Pratique commerciale trompeuse ;
  - Mise en danger de la vie d'autrui.
Plus encore, afin de se mettre en conformité avec la réglementation, XIAOMI a mis à jour ses deux modèles Redmi Note 5 et Mi Mix 2S afin que leur seuil de DAS soit en dessous du seuil réglementaire. Or, à l'issue de ces mises à jour, le consommateur possède un téléphone mobile moins performant que les caractéristiques techniques mises en avant par le constructeur lors de l'achat car la baisse du DAS a pour conséquences : - une moins bonne connectivité (que précédemment) au réseau des opérateurs de téléphonie mobile, hachurant la conversation ou la coupant, ou pire, ne permettant ni d'être joint ni de téléphoner dans des zones de moyenne ou mauvaise couverture ; - concernant les téléchargements de données, de la même façon cela a dégradé le niveau de débit avec des implications directes en fonction des applications utilisées. Xiaomi s'est bien gardé d'en informer ses clients, pire, il a bradé ses 2 modèles sans faire référence à la mise à jour ».
[92] P. Collet, *« Dieselgate : une action collective vise Renault »*, Actuenvironnement.com, 5 novembre 2019.

Il convient de ne surtout pas oublier le rôle que les justiciables eux-mêmes peuvent assumer dans une action collective conjointe. Ces derniers sont souvent à l'initiative de l'action en faisant remonter à un avocat ou à une association, avec ou sans connaissance de cause, un litige personnel auquel ils font face et qui est doté d'un fort « potentiel collectif », c'est-à-dire, qui peut concerner d'autres justiciables. Puis, certains justiciables peuvent s'engager, de manière active, dans l'organisation et la promotion de l'action collective. En ne se contentant pas d'assister passivement à l'évolution de leur action, certains justiciables assument un rôle de « délégué » ou de « représentant » des autres demandeurs du point de vue médiatique ou organisationnel. Ils vont alors être un contact privilégié de leur avocat et effectuer un relai d'information auprès de leurs codemandeurs. Pour les plus engagés, ils vont se mobiliser pour que leur cause judiciaire soit entendue dans la presse, par les pouvoirs publics et les parties adverses. L'action collective *« Presqu'île en colère »*[93], portée par Me Edouard RAFFIN, avocat au Barreau de Lyon, en est le symbole. C'est d'abord à l'initiative de Pauline GROSJEAN et Sarah BOUDHIN, toutes les deux habitantes de la rue Edouard Herriot, à Lyon, que l'avocat a été saisi. Sa mission était de proposer à un collectif d'habitants monté par Madame GROSJEAN et Madame BOUDHIN des solutions juridiques pour faire face, selon les requérantes,

---

[93] N.M., *« Affaire Lyon en colère : une requête d'appel prévue le 24 janvier »,* Le Progrès, 10 janvier 2022.

à la montée exponentielle des incivilités et de l'insécurité dans le centre-ville lyonnais. C'est grâce à la mobilisation des deux habitantes que ce collectif, rassemblant plus de 1.000 personnes, a été structuré et que près de 200 habitants ont effectivement saisi, dans le cadre d'une requête collective conjointe, le Tribunal administratif de Lyon pour voir les responsabilités administratives de la Ville de Lyon et la Préfecture du Rhône engagées. Les interventions médiatiques de ces deux habitantes, qui portaient des témoignages forts d'agressions et menaces vécues par elles-mêmes, leurs familles ou leurs voisins, ont largement contribué à une forte médiatisation de l'action.

C – Un outil controversé

Avec l'essor de l'action collective conjointe, les débats se vivifient. Si pour ses précurseurs, l'on pourrait croire que seul le recours à l'action collective conjointe peut rendre effectif un plus large accès à la justice, cet outil ne fait pas l'unanimité et soulève de vives critiques de la part de certains acteurs des mondes judiciaire et associatif.

Pour les premiers, le recours à l'action collective conjointe est sans nul doute une réponse efficace à un problème de société : celui de l'accès réel et effectif à la justice, dont nombre de citoyens sont privés. Souvent basée sur un modèle de mutualisation des frais de justice entre les membres de l'action collective conjointe, celle-ci est toujours mise en avant comme une solution pragmatique et efficace permettant aux justiciables de se faire conseiller et représenter par un avocat à moindre coût. Par cette démarche collective, les coûts de l'intervention de l'avocat, service à forte valeur ajoutée, est financé par l'ensemble des justiciables. Ainsi, logiquement, plus l'action collective est massive, moins le coût est important car absorbé par différentes personnes. L'accès à l'avocat et au juge, notamment auprès des juridictions où la représentation est obligatoire, deviendrait ainsi plus accessible.

Pareillement, et toujours selon ses défenseurs, l'action collective conjointe représente une opportunité pour les justiciables de non seulement avoir recours à n'importe quel avocat, mais à une représentation juridictionnelle de qualité. Par le même effet de la mutualisation des coûts, le financement collectif d'un avocat compétent dans un sujet précis devient possible pour ceux qui n'auraient pas, en dehors d'une telle approche mutualiste, les moyens d'y accéder. Mais au-delà de la qualité de la défense assurée par des avocats réputés et experts dans leurs domaines d'intervention, on soulignera l'effet de rééquilibrage des rapports de force entre les justiciables et les parties adverses, souvent constituées de grandes entreprises ou des pouvoirs publics, que l'action collective est censée assurer. Sur ce point, Me Christophe LEGUEVAQUES va encore plus loin en affirmant qu'il veut *« faire de l'action collective une arme anti-lobby »*[94].

Néanmoins, les craintes des dérives de l'action collective conjointe sont nombreuses, à commencer par celles liées à la marchandisation du droit et de la justice. C'est en comparant les plateformes en ligne spécialisées dans les actions collectives conjointes à des *« supermarchés »*[95] du droit que le journaliste Mathieu PERISSE s'est interrogé sur les dérives économiques de l'essor du marché des actions collectives. Ce faisant, c'est le respect par les avocats de leur obligation déontologique de désintéressement que le journaliste remettait implicitement en cause. Plus radicaux ont été les propos

---

[94] J. Decorse, *« Christophe Lèguevaques : « Je veux faire de l'action collective une arme anti-lobby »*, Touloueco, 20 novembre 2019.
[95] M. Périsse, *« Plateformes d'actions collectives : la justice à portée de clic ? »*, Médiacités, 13 novembre 2019.

de la chroniqueuse du journal *« Le Monde »*, Patricia JOLLY, qui a accusé certains cabinets d'avocats d'opportunisme en ce qu'ils créeraient, selon elle, *« des sites Internet spécifiques s'affichant comme « associations de victimes » touchées par le coronavirus »*[96]. Il est également reproché aux cabinets d'avocats spécialisés dans les actions collectives conjointes de contourner les limites imposées par la procédure de l'action de groupe pour se faire une place dans le monde (et le marché) de la résolution des litiges de masse. Si, en l'état de la règlementation actuelle et des principes déontologies encadrant la profession d'avocat, aucune disposition ne fait obstacle au recours à l'action collective conjointe par les avocats, leur forte implication dans le développement de ce mode d'action soulève, pour le moins, des questions stratégiques de positionnement, y compris au sein de la profession. C'est pourquoi Me Denis CHEMLA, rapporteur pour le Barreau de Paris sur le site *« avocats-actions-conjointes.com »* a souligné que *« plusieurs questions stratégiques se posent en termes d'avenir du site »*[97] et notamment celle de savoir si la profession d'avocat doit se *« positionner en concurrents des associations de consommateurs auxquelles la loi a réservé le monopole des actions de groupe mais qui se sont révélées incapables de me mener à bien cette mission »*[98].

---

[96] P. Jolly, *« Des victimes du Covid-19 prises dans les filets de cabinets d'avocats opportunistes »,* Le Monde, 11 juin 2020.

[97] D. Chemla, *« Rapport sur le site avocats-actions-conjointes.com »,* Ordre des avocats de Paris, 4 décembre 2016.

[98] *Ibdem.*

En effet, pour le rapporteur, « *augmenter la visibilité du site entraînerait un nécessaire durcissement du conflit* »[99].

Parallèlement, d'autres observateurs viennent pointer du doigt l'insécurité juridique que peut représenter pour les entreprises et la sphère économique l'apparition des actions collectives. En effet, nous verrons que la flexibilité procédurale de l'action collective conjointe permet à n'importe quel justiciable en mesure de justifier d'un intérêt à agir, dans n'importe quel domaine juridique, d'engager un recours contentieux. Si la déontologie de l'avocat est une garantie pour éviter des procédures à tout va, puisqu'il est tenu d'informer les clients des chances de succès d'une procédure et des risques qu'elle peut représenter, les entreprises voient dans les recours contentieux de masse une réelle menace pour leur sécurité juridique.

Enfin, c'est autour de l'impact des actions collectives conjointes sur la charge des tribunaux que les débats sur leur développement se concentrent. Ainsi qu'il a été explicitement formulé par Madame Françoise KAMARA, doyen de la première chambre civile de la Cour de cassation, « *la difficulté des actions collectives conjointes réside dans le fait que les tribunaux gèrent la masse de dossiers qui demeurent individuels du début à la fin, tandis que, dans l'action de groupe, ce sont les associations qui, agissant sur mandat, administrent cette*

---

[99] *Ibdem.*

71

masse. Il y a un risque d'engorgement des tribunaux si les actions collectives conjointes se développent sans moyens supplémentaires »[100]. Si, sur ce point, il est important de rappeler la distinction essentielle entre les contentieux sériels et les actions collectives conjointes, lesquelles sont introduites par le biais d'un acte procédural unique, la gestion de ces dernières n'en demeure pas moins un défi pour les tribunaux. En effet, si la saisine conjointe des tribunaux facilite, certes, la gestion par les greffiers et les juges de l'action conjointe, les tribunaux sont tenus de vérifier, individuellement les conditions de recevabilité à l'égard de chacun des plaignants. La vérification des pièces justifiant notamment de l'intérêt à agir de chaque demandeur à l'action peut alors s'avérer une lourde tâche pour les greffiers. De même, si la réponse à une question juridique peut être opposable à l'égard de l'ensemble des demandeurs, la liquidation des préjudices doit nécessairement se faire, sur la base du principe de la réparation intégrale des préjudices, distinctement à l'égard de chacun des plaignants.

---

[100] P. Gosselin et L. Vichnievsky, « *Rapport d'information sur le bilan et les perspectives des actions de groupe* », n° 3085, enregistré à la Présidence de l'Assemblée nationale le 11 juin 2020, page 27.

Section 2 – La « fabrique » de la démocratisation de l'action collective conjointe

Propulsée par le recours aux nouvelles technologies **(C)** et par les opportunités révélées par la crise sanitaire de Covid-19 **(B)**, le développement des actions collectives conjointes s'est inscrit dans une démarche délibérée de construction identitaire et médiatique **(A)**.

A – La construction d'une identité forte

En France, l'action collective est souvent appréhendée sous le prisme de la *class action* américaine. Idéalisée par nombre d'avocats français, mais blâmée par ses opposants qui craignent les dérives d'un système plus libéralisé, l'action collective à l'américaine n'est jamais absente des débats.

La *class action* s'inscrit dans un modèle plus libéral que l'action de groupe introduite par la loi du 17 mars 2014 sur la consommation. Outre-Atlantique, le champ d'application des actions collectives est extrêmement large, donnant naissance à des *class actions* dans différents domaines juridiques, tels que le droit de la consommation, le droit boursier, le droit sanitaire, le droit de l'environnement, le droit des affaires, la discrimination, ou encore les atteinte aux droits fondamentaux[101]. Aussi, et au-delà des associations et des organisations syndicales, tout avocat peut être à l'initiative d'une *class action,* au sein de laquelle il exercera un rôle moteur[102]. En outre, si la procédure américaine n'est pas moins complexe que la procédure instaurée par la *loi Hamon,* en ce notamment que la *class action* se déroule aussi en trois temps[103] et soulève de nombreuses questions de recevabilité[104], elle jouit d'une forte notoriété. Le succès de la *class action* s'est construit autour du grand nombre d'actions collectives introduites dans les tribunaux

---

[101] Entretien avec Y. Tarasewicz, Avocat associé, cabinet Proskauer et G. Roche, Juriste en droit social, cabinet Proskauer.

[102] *Ibdem.*

[103] Le lancement de l'action *(filing of a complaint),* la certification de class action par le juge *(class certification)* et le règlement final du litige *(court decision ou settlement).*

[104] T. Juncker, « *La class-action étas-unienne et l'action de groupe à la française* », 2015 :

« *La Règle 23 des Règles fédérales de procédure civile (Règle 23) dispose que pour qu'un membre d'une classe ou plusieurs, agissent en défense ou en action pour le compte de toute une classe il faut :*

- que la classe soit si nombreuse que joindre tous les membres soit impossible (Numerosity) ;

- qu'il y ait des questions de droit ou de fait qui soient communes à toute la classe (Commonality) ;

- que les prétentions (en défense ou en action) des représentants de la classe soient les mêmes que celles de la classe dans son ensemble (Typicality) ;

- que les représentants représentent de manière adéquate et juste les intérêts de la classe (Adequacy of representation) ».

américains, faisant des Etats-Unis le pays référent de l'action collective. Une telle réputation a été impulsée par des recours collectifs symboliques, voire « Hollywoodiens ». C'est par exemple le cas de la *class action* introduite par Erin BROKOVICH, une juriste autodidacte, lorsqu'elle découvre que des centaines de personnes sont potentiellement affectées par une pollution de l'eau potable dans la ville de Hinkley, en Californie. En 1993, son action aboutit à la condamnation de la société en cause, la « *Pacific Gas and Electric Company* ». Les victimes ont été indemnisées à hauteur de 333 millions de dollars[105]. Cette *class action* a inspiré le célèbre film « *Erin Brokovich, seule contre tous* »[106] (2000) réalisé par Steven SODERBERGH, dont le rôle de la juriste protagoniste est interprété par Julia ROBERTS. Concernant justement l'indemnisation des victimes, la *class action* se démarque par la possibilité pour le juge américain d'accorder de dommages et intérêts punitifs (*punitive damages*) aux victimes. Alors que ce système, censé combattre et prévenir la faute lucrative, se rarifie[107]

---

[105] A. Krempf, « *Les Etats-Unis, le pays de la class action* », Franceinfo, 2 mai 2013.

[106] S. Soderbergh, « *Erin Brokovich, seule contre tous* », 26 avril 2000.

[107] T. Juncker, « *La class-action états-unienne et l'action de groupe à la française* », 2015, page 40 : « *quoiqu'il en soit, les dommages punitifs tout comme les class actions souffrent de leur image et combinés il est souvent difficile d'obtenir des dommages-intérêts punitifs dans le cadre d'une class action. Depuis quelques décennies, de nombreuses barrières jurisprudentielles sont venues limiter, et*

en pratique, il est toujours étroitement associé au modèle américain de l'action collective. Par ailleurs, il fait rêver ses défenseurs en ce que, grâce aux *punitive damages*, les industriels du tabac américains par exemple ont dû verser, en 25 ans, près de 370 milliards d'euros de dédommagements à leurs victimes. Enfin, la procédure américaine dite de *discovery*[108] est omniprésente dans la *class action*. Cette procédure peut intervenir avant ou après la phase de certification d'une *class action* par le juge américain et elle vise notamment à permettre aux victimes d'obtenir de la part de la partie adverse des documents et des informations indispensables pour le succès de l'affaire. Grâce à ce mécanisme, les victimes de l'industrie américaine du tabac ont pu obtenir la communication forcée de 80 millions de pages de documentation interne qui montraient que la dangerosité des cigarettes était parfaitement connue des fabricants depuis 1953[109].

Naturellement, un modèle d'action collective aussi libéralisé que celui proposé Outre-Atlantique ne fait pas l'unanimité en France. Ses opposants, nombreux, dénoncent le risque juridique qui pèse sur les entreprises américaines. Parmi les dérives tout à fait critiquables, on soulignera celle de la *predatory class action*. Il s'agit pour

---

même empêcher l'existence de dommages punitifs dans le cadre de class actions ».

[108] *Ibdem*, page 24.

[109] C. Leguevaques, « *Encore un effort pour se doter d'une véritable* « *class action* » *efficace* », Le Club de Mediapart, 1er décembre 2021.

les avocats dépourvus de toute déontologie d'organiser des *class actions* dans le seul but d'inciter l'entreprise en défense à signer, rapidement, un protocole d'accord pour récupérer une rémunération au résultat. Contrairement au système judiciaire français, le recours au pacte de *quota litis* est possible aux Etats-Unis, de sorte que la *predatory class action* peut se révéler particulière rentable. C'est pourquoi cette pratique a été encadrée[110] par la *Class Action Fairness Act* de 2005 afin de préserver l'intérêt des justiciables dans toute négociation précontentieuse. L'avocat américain est désormais tenu de soumettre le protocole d'accord à la validation d'un expert indépendant. On citera également, sans prétendre à l'exhaustivité, la pratique de la *representative fees*, où, dans le cadre d'une négociation précontentieuse, l'entité mise en cause va proposer de l'argent à certains représentants du groupe des demandeurs, qui sont parties au procès[111]. Une telle pratique soulève la question du conflit d'intérêts des avocats et de la différence de traitement entre les membres d'un même groupe de plaignants.

En France, les défenseurs de l'action collective en sont conscients : le modèle français est loin de se rapprocher de celui qui a fait rêver Hollywood. Mais après l'introduction de l'action de groupe dans notre système

---

[110] T. Juncker, « *La class action états-unienne et l'action de groupe à la française* », 2015, page 14.
[111] Marcy Hogan Greer, A Practitioner's Guide to Class Actions, American Bar Association, 2012 supplement, page 34.

judiciaire, et compte tenu du récent développement des actions collectives conjointes, nous observons de la part des défenseurs de ce mode d'action collective une volonté de tendre vers une « Brokovichisation » des litiges collectifs. Il s'agit pour eux de s'inspirer de ce qui est perçu comme une réussite du modèle nord-américain. L'action collective à l'américaine est ainsi décrite comme *« un robuste aiguillon pour les entreprises »*[112] qui *« supplée, souvent, aux carences d'un État peu protecteur des plus faibles »*[113]. Ainsi, pour ces avocats, le recours à une action collective davantage libéralisée permettrait que la justice joue véritablement son rôle de régulateur des pouvoirs. Pour les architectes de l'action collective à la française, le modèle américain de la *class actions* s'impose comme une importante, si ce n'est la principale, source d'inspiration. Outre la généralisation du champ d'application des actions collectives et de la qualité à agir et à représenter, on prêche pour l'instauration en droit français d'une procédure visant à faciliter l'exercice du droit d'accès à la preuve et de permettre au juge d'allouer aux victimes de dommages et intérêts punitifs. Or, c'est l'action collective conjointe qui permet, grâce à sa flexibilité procédurale, de se rapprocher au mieux de telles attentes. Contrairement à l'action de groupe, elle n'est pas limitée à un champ d'application précis. Ainsi, dans le cadre d'une démarche judiciaire conjointe, les avocats ne se voient limités que par les règles procédurales de droit

---

[112] *Ibdem.*
[113] *Ibdem.*

commun. Pareillement, les actions collectives conjointes, à l'instar des *class actions*, peuvent être initiées par tout justiciable, personne physique ou morale, lequel peut se faire représenter directement par un avocat sans qu'il soit dépendant des initiatives associatives. Force est alors de constater qu'en France, seule l'action collective conjointe permet aux justiciables et aux avocats, de se montrer réactifs lorsqu'une illégalité est constatée. Quant aux points clés de ce qui est perçu par certains comme une réussite du modèle américain, à savoir, l'accès à la preuve et le dédommagement des victimes, la comparaison est ici moins évidente. Mais il ne demeure pas moins, qu'en tout état de cause, le recours à l'action collective conjointe offre un panorama procédural plus large aux avocats. Sur l'accès à la preuve, l'avocat pourra s'appuyer sur toutes les procédures dédiées au recueil de preuves et les injonctions juridictionnelles, telles que les référés conservatoires et les mesures d'instruction. Sur le dédommagement des victimes, le droit français interdit les dommages et intérêts punitifs en ce qu'ils sont contraires au principe de réparation intégrale du dommage, laquelle est limitée au seul préjudice. Partant, on ne semble pas encore prêt à intégrer ce type de dédommagement dans notre système judiciaire. Bien au contraire car, non seulement les dommages et intérêts punitifs sont interdits[114] dans une action de groupe, mais le législateur

---

[114] Seule la notion d'amende civile est admise : l'article 85 de la loi du 18 novembre 2016 a instauré une amende civile d'un montant maximal de 50.000 euros pouvant être prononcée à l'encontre du demandeur ou du défendeur à l'instance lorsque celui-ci a, de

a entendu limiter la nature des préjudices pouvant être dédommagés dans le cadre d'une telle procédure. En droit de la consommation par exemple, nous avons vu que seuls les dommages matériels peuvent être réparés, à l'exclusion de tout préjudice moral. De toute évidence, le recours à l'action collective conjointe est privilégiée par les avocats lorsqu'il s'agit de réparer intégralement les préjudices de leurs clients.

Force est donc de constater que si un écart marquant entre l'état d'avancement des modèles français et américain est prédominant, les avocats spécialisés dans les recours collectifs assument une identité forte, renvoyant souvent à la référence de la « Brokovichisation » des recours collectifs. Pour Me Christophe LEGUEVAQUES, son engagement en faveur d'une meilleure place pour les actions collectives en France a commencé par un constat durant le procès d'« *AZF* », une usine chimique appartenant au groupe « *Total* » qui a explosé à Toulouse le 21 septembre 2001 laissant plus d'une trentaine de morts, des milliers de blessés et des dégâts considérables. Pour l'avocat, ce procès a révélé un réel déséquilibre des rapports de forces des parties dès lors que, « *face à l'industriel, les parties-civiles [étaient] éparpillées et les avocats [avaient] dû mal à coordonner leurs arguments. Le financement de cette longue procédure (2001-2021) pose cruellement la*

---

manière abusive ou dilatoire, fait obstacle à la conclusion d'un accord dans le cadre d'une procédure collective de liquidation des préjudices.

question de l'accès à la justice et de l'égalité des armes »[115]. A cette difficulté, la solution viendrait, selon lui, de l'autre côté de l'Atlantique : *« elle a été popularisée par des films comme « Erin Brockovich » et porte le nom de « class action » ou action collective »*[116]. D'autant plus que, à l'image du modèle américain, l'essor des actions collectives conjointes en France est fortement impulsé par des actions symboliques. Il s'agit notamment d'actions collectives médiatiques ayant inspiré la confiance des justiciables et acquis une certaine légitimité vis-à-vis des professionnels du droit. Deux actions collectives ont particulièrement contribué à la construction d'une identité forte des actions collectives françaises. D'une part, on notera le succès médiatique et judiciaire de l'action portée par Me LEGUEVAQUES au nom de milliers de malades à l'encontre des laboratoires pharmaceutiques *« Merck »*, dans l'affaire du médicament *Levothyrox*. Cette action visait à engager la responsabilité du fabricant à la suite d'un défaut d'information et à obtenir la réparation des préjudices moraux subis par les victimes. Elle a d'abord connu un fort succès médiatique, avant de connaître le succès judiciaire devant la Cour d'appel de Lyon[117] et la Cour de cassation[118]. L'action collective portée par Me LEGUEVAQUES a le mérite d'avoir démontré, sur le

---

[115] https://myleo.legal/fr/page/notre-histoire.
[116] *Ibdem.*
[117] *« Levothyrox : la Cour d'appel de Lyon condamne Merck »*, La Croix, 26 juin 2020.
[118] Audience publique du 16 mars 2022, Rejet, M. CHAUVIN, président, Arrêt n° 255 FS-B, Pourvois n° 20-19.786 et suivants.

terrain judiciaire, que l'action collective conjointe permet non seulement de faciliter, par la mutualisation des frais de procédure, l'accès au juge, mais surtout qu'une telle démarche collective peut aussi être efficace au niveau judiciaire. D'autre part, de nombreuses instances conjointes ont été ouvertes par des consommateurs français pour faire valoir, selon eux, leur droit de refuser l'installation des compteurs « Linky », imposés par la société « Enedis ». Avec Me Arnaud DURAND en première ligne dans cette affaire, de dizaines de milliers de consommateurs s'opposant à cette technologie ont saisi une dizaine de tribunaux judiciaires et administratifs. Là aussi, l'impact médiatique du mouvement « Stop Linky » a fortement contribué à l'actuelle notoriété de l'action collective conjointe au sein du système judiciaire français. Contrairement à l'action remportée face aux laboratoires « Merck », le bilan judiciaire des actions collectives « anti-Linky » est pour l'instant mitigé et provisoire : seules les personnes en mesure d'apporter la preuve d'une maladie qualifiée d'électrohypersensibilité ont obtenu gain de cause[119]. Ces actions ont aussi été démonstratives de la flexibilité procédurale des actions conjointes. Ainsi, les avocats des opposants des compteurs ne se sont pas imposé de limites à leur imagination procédurale en démultipliant les procédures en référé et au fond au sein de différents tribunaux judiciaires français.

---

[119] K. Dachez, « *Linky : les électrosensibles gagnent leur procès contre Enedis condamné à dépolluer l'électricité »*, Phonandroid, 28 janvier 2022.

L'identité des actions collectives conjointes s'est construite autour du nombre croissant de recours intentés, démontrant ainsi une forte dynamique quantitative. Impulsés par l'émergence de plateformes en ligne, de nombreuses actions ont vu le jour au cours des cinq dernières années. L'apparition de ce nouveau marché n'a été possible que grâce à la flexibilité qui leur offrent les règles de procédure de droit commun. Celles-ci ont permis aux avocats et aux associations d'être extrêmement actifs et réactifs au fur et à mesure que de nouveaux litiges collectifs leur étaient soumis. Par la seule plateforme « *V pour Verdict »,* ce sont près de 35 actions collectives conjointes qui ont été organisées en seulement deux années. Si, bien entendu, toutes les actions n'ont pas été menées jusqu'à la décision juridictionnelle, car transigées à l'amiable ou ayant fait l'objet d'un abandon de la part des justiciables, un tel chiffre est significatif.

L'intérêt médiatique qu'a suscité l'action collective conjointe est également dû à la diversification de la typologie des actions intentées. Alors que l'action de groupe est enfermée dans un champ d'application extrêmement strict, l'action collective conjointe est davantage hétéroclite. Deux grandes catégories d'actions collectives ressortent toutefois : les actions visant l'indemnisation d'un préjudice matériel, notamment en droit de la consommation, moins médiatiques, et les actions porteuses d'une revendication judiciaire, voire politique[120], forte. Par ailleurs, derrière une telle diversité

---

[120] Exemple : action « *On attaque Amazon en justice* ».

des actions collectives conjointes se cachent des actions insolites. C'est le cas d'une action collective portée par un collectif d'habitants du 3ème arrondissement de Lyon contre la Métropole de Lyon en raison des nuisances sonores provoquées par les changements d'horaires de passage des camions poubelles devant leurs domiciles. C'est également le cas d'une action collective intentée contre la société « *Winamax* »[121], organisatrice de tables de poker en ligne. Des joueurs se disant victimes d'importantes pertes sommes d'argent contre de *bots*, c'est-à-dire, d'autres joueurs utilisant de technologies interdites, visaient à obtenir un dédommagement de leurs pertes auprès de la société en ce qu'il relevait, selon les demandeurs, de la responsabilité contractuelle de la société d'assurer la sécurité des salles de jeu.

---

[121] C. Martin, « *A Winamax, « faisceau de suspicions » et suspensions* », Libération, 26 décembre 2018.

B – Les opportunités révélées par la crise sanitaire

L'épidémie de Covid-19 a plongé la France dans une crise sanitaire sans précédent[122] et paralysé l'économie du pays durant plusieurs mois. En conséquence, des situations et conflits juridiques inédits ont vu le jour, et pour lesquels le droit n'avait pas nécessairement prévu de solution précise. De même, cette crise sanitaire a été à l'origine d'importants changements des modes de consommation, au profit du développement du *e-commerce*[123]. C'est pourquoi les litiges de consommation ont explosé durant la crise de Covid-19 et affiché une augmentation de plus de 30%[124]. L'ampleur de la crise, qui a frappé, sans exception, l'ensemble de la société, a mis sur le premier plan la collectivisation des conflits et de leur résolution.

Dans ce contexte, l'action collective conjointe s'est montrée particulièrement dynamique. Des nombreuses actions ont vu le jour, que ce soit en matière de litiges économiques causés par la crise ou, plus précisément, en matière de droit de la santé directement

---

[122] Z. Mansour et D. Lepelletier, « *Covid-19 : une crise sanitaire inédite* », ADSP n°16, décembre 2021.

[123] Les réponses de l'OCDE face au coronavirus (COVID-19), « *Le commerce électronique au temps de la pandémie de COVID-19* », 7 octobre 2020.

[124] S. de Macedo, « *Consommation : les litiges ont explosé de plus de 30% avec la crise du Covid-19* », Le Parisien, 24 mars 2021.

liées aux mesures gouvernementales adoptées pour répondre à la crise sanitaire.

Sur le plan économique, la crise de coronavirus a été marquée par la démultiplication des actions collectives intentées par des restaurateurs, entrepreneurs, artisans et commerçants aux fins d'obtenir de la part de leurs assureurs la prise en charge des pertes d'exploitation de leurs établissements causées par les fermetures administratives imposées par le gouvernement[125]. Certains assurés se sont effectivement heurtés au refus catégorique de prise en charge alors que, selon Me Elias BOURRAN, Me Sibylle DIALLO-LEBLANC et Me Amélie ROBINE, avocats (Barreau de Paris) chargés du dossier, leurs clients avaient souscrit, avant la crise sanitaire, un contrat d'assurance prévoyant une garantie contre les pertes d'exploitation, censée apporter une protection financière en cas d'inactivité totale ou partielle[126]. Les avocats se sont alors tournés vers les dispositions de l'article L. 113-1 du Code des assurances disposant que l'assureur ne peut être dispensé de garantir les pertes et dommages causés que si le contrat d'assurance comporte une clause d'exclusion formelle et limitée. Les avocats se sont appuyés sur la jurisprudence de la Cour de cassation encadrant les conditions de validité des clauses d'exclusion. Ces dernières doivent notamment être claires

---

[125] L. Croze, « *Entretien avec Beaubourg Avocats – Action collective "Indemnisation assurances Covid-19"* », V pour Verdict, 14 mai 2020.
[126] *Ibdem.*

et précises[127], et sans incertitudes pour que l'assuré sache exactement dans quels cas il n'est pas garanti. Les clauses d'exclusion doivent en outre être détaillées[128] et elles ne peuvent vider l'assurance professionnelle de sa substance[129]. Ces exigences jurisprudentielles ont, par l'imprévisibilité de la crise sanitaire, rendu nombre de clauses d'exclusions revendiquées par les assureurs invalides ou irrégulières, donnant naissance à un important contentieux de masse. Ainsi, Me ROBINE, Me BOURRAN et Me DIALLO ont ouvert, dès l'apparition des premiers contentieux, la voie de la résolution de ces litiges par le biais de l'action collective conjointe. Les exigences procédurales, notamment en matière de compétence juridictionnelle, ont toutefois contraint les avocats à éclater un groupe de près de 300 commerçants en une cinquantaine de groupes. Ainsi, des « sous-actions collectives conjointes » ont été structurées devant les tribunaux de commerce et judiciaire, en fonction des particularités procédurales de chaque sous-groupe d'assurés.

Sur le plan du droit de la santé aussi, l'action collective s'est démarquée. Par le biais de sa plateforme « *MyLeo* », Me Christophe LEGUEVAQUES a lancé une action collective baptisée « *N'oublions rien* »[130] dont le

---

[127] Cour de Cassation, 1ère Ch. Civ., 8 octobre 1974.
[128] Cour de cassation, 1ère Ch. Civ., 12 mai 1993, pourvoi n° 91-17.010.
[129] Cour de cassation, 2ème Ch. Civ., 13 janvier 2005, pourvois n° 03-18.645 et n° 03-20.355.
[130] https://noublionsrien.fr/.

but, selon son équipe, était de garantir *« le droit de soigner et d'être soignée »*, en faisant notamment valoir la liberté de prescription par les médecins à l'égard de certains médicaments, dont l'hydroxychloroquine et d'autres thérapeutiques possiblement efficaces dans la lutte contre le Covid-19. Dans le même sens, Me Muriel BODIN a lancé une action collective basée sur la campagne *#touscontrecoronavecmonmedecin*, ayant rassemblé près de 2.000 personnes intéressées pour engager une action administrative gracieuse auprès du Premier ministre et du Ministre de la Santé alors en exercice. Le but de cette action était d'obtenir le retrait du décret n° 2020-293 du 23 mars 2020 ayant encadré la prescription de l'hydroxychloroquine.

L'action collective conjointe a été un outil privilégié dans la résolution des litiges collectifs générés par la crise sanitaire grâce à la flexibilité qu'elle offre aux avocats et aux justiciables. Ces derniers ont fait preuve d'une importante réactivité, ce qui était indispensable pour contester les décrets gouvernementaux dans les délais prévus, généralement de seulement deux mois, ou pour bénéficier de l'intérêt des médias, favorable, par exemple, à la négociation amiable avec les assureurs. Toujours en référence à l'action collective lancée par les avocats parisiens, c'est en avril 2020, soit seulement un mois et demi après les premières mesures de confinement en France, que la plateforme *« V pour Verdict »* a ouvert aux commerçants et aux artisans l'inscription pour l'action collective *« Indemnisation Covid-19 »*.

On notera donc que la crise sanitaire a plutôt été porteuse d'opportunités pour les avocats spécialisés dans la résolutions de litiges collectifs. Mais avec elle, les critiques se sont renforcées. C'est effectivement à cette occasion que la chroniqueuse Patricia JOLLY a accusé certains avocats, dont Me Christophe LEGUEVAQUES, de profiter des situations des victimes de la crise sanitaire pour en faire une affaire commerciale.

C – Un étroit rapport avec les nouvelles technologies

Le marché du droit n'échappe pas au phénomène de l'ubérisation. Le besoin de plus en plus marqué d'une démocratisation du droit et les opportunités générées par l'automatisation des tâches à faible valeur ajoutée ont récemment bousculé les cabinets d'avocats et les directions juridiques[131]. Pour cause, la profession d'avocat fait partie des « *42% des métiers présentant une probabilité d'automatisation forte du fait de la numérisation de l'économie* »[132]. Dès les années 2010, inspirés par un mouvement la digitalisation du marché juridique américain, de jeunes créateurs de *start-up* se sont invités au marché juridique français, en proposant de solutions pour le moins controversées. Ainsi, les créateurs

---

[131] C. Chikhi et L. Lizé, « *Ubérisation du droit, quand l'économie numérique fait trembler les schémas traditionnels* », Le Petit Juriste, 18 décembre 2015.
[132] Roland Berger Strategy Consultants, Think Act., « *Les classes moyennes face à la transformation digitale* », octobre 2014.

du site « *demanderjustice.com* » veulent permettre aux justiciables de « *régler les litiges sans frais d'avocats en quelques clics* »[133]. Leurs services consistent à automatiser la rédaction d'une lettre de mise en demeure, voire d'un acte introductif d'instance d'un litige courant sans la moindre intervention d'un professionnel du droit. D'autres *start-up*, telles que « *Captain Contrat* » ou « *Legalstart* » visent à rendre les entrepreneurs autonomes dans la création ou la gestion de leurs démarches juridiques quotidiennes telles que la rédaction de statuts ou de pactes d'associés, les modifications statutaires, la gestion du personnel, la protection de la marque, la sécurisation des relations commerciales, ou encore les démarches de dissolution, de liquidation ou de radiation de la société. L'arrivée de ces nouveaux entrants dans le marché du droit français n'a pas laissé la profession d'avocat insensible. Si certains avocats voyaient dans la digitalisation du marché du droit l'opportunité d'optimiser les tâches à faible valeur ajoutée et gagner en rentabilité, le Conseil National des Barreaux (CNB) s'est, dans un premier temps, montré plutôt sceptique quant à l'intérêt, mais surtout, à la légalité de ces nouveaux services. Le combat judiciaire mené par le CNB et le Barreau de Paris contre la société créatrice du site « *demanderjustice.com* » et ses fondateurs a marqué les esprits. On reconnaîtra, qu'à la différence de la majorité des *start-up* du droit, lesquels privilégient, de manière plus diplomatique, une collaboration avec la profession d'avocat en leur reconnaissant leur monopole

---

[133] https://www.demanderjustice.com/.

en matière de conseil et de représentation judiciaire[134], la *start-up « demanderjustice.com »*, elle, intègre le non-recours à l'avocat dans sa stratégie marketing et de communication. La visite du site Internet de la *start-up* interpelle effectivement par le pictogramme d'un avocat rayé d'un trait rouge. Les services proposés par le site *« demanderjustice.com »* ont alors mené les instances représentatives des avocats à saisir la justice. Sur le plan pénal, le CNB et le Barreau de Paris se sont constitués parties civiles dans le cadre des accusations à l'encontre des dirigeants de la *start-up* d'exercice illégal de la profession d'avocat. Le combat judiciaire s'est soldé par un arrêt[135] de la Cour de cassation en date du 21 mars 2017, lequel venait confirmer un arrêt de la Cour d'appel de Paris relaxant les entrepreneurs. La Cour de cassation a retenu que les activités des sites en cause *« ne constituent ni des actes de représentation, ni des actes d'assistance »,* lesquels sont encadrés et protégés par l'article 4 de la loi n° 71-1139 du 31 décembre 1971. Mais, sur le plan civil, le CNB a obtenu, auprès du Tribunal judiciaire de Paris la

---

[134] La *start-up « Captain Contrat »* par exemple, fondée par des entrepreneurs issus d'HEC n'entretenant initialement aucun lien fort avec la profession d'avocat, la start-up reconnaît le monopole du conseil juridique de l'avocat en indiquant sur son site internet que « contrairement aux juristes et aux experts-comptables, l'avocat est compétent pour vous conseiller juridiquement. Son rôle est de vous informer sur vos droits, sur les règles applicables à votre besoin et de vous assister pour trouver la solution la plus adaptée à votre situation quel que soit le domaine du droit », https://www.captaincontrat.com/présentation-du-réseau.
[135] Cour de cassation, Cass. crim., 21 mars 2017, n° 15-82437.

condamnation[136], confirmée[137] par la Cour d'appel de Paris, du site *« demanderjustice.com »* à payer 500.000 euros d'astreinte avec exécution provisoire de droit. Cette procédure visait à contraindre la *start-up* à retirer les mentions présumées trompeuses de son site Internet, portant notamment sur la satisfaction prétendument exprimée par les clients de l'entreprise. Mais, en rupture avec ce combat judiciaire, symbolique, la profession d'avocat semble désormais privilégier l'intégration du recours aux outils numériques dans ses réflexions[138]. Les avocats participent activement à la mutation technologique du marché du droit français, tout en revendiquant, à juste titre, le monopole des services juridiques de conseil[139] et de représentation judiciaire. Pour Me Christiane FERAL-SCHUHL, les instances dirigeantes de la profession d'avocat doivent définir une stratégie claire pour *« reprendre le contrôle et se réapproprier les services en ligne offerts aux justiciables »*[140]. Compte tenu des garanties essentielles que seuls les avocats peuvent apporter, à savoir le respect

---

[136] JEX Paris, 29 janvier RG n° 19/82171.

[137] Cour d'appel de Paris, Pôle 1 - Chambre 10, 8 avril 2021, N° RG 20/02866 - N° Portalis 35L7-V-B7E-CBOJS.

[138] K. Haeri, *« L'avenir de la profession d'avocat »*, Rapport confié par Monsieur Jean-Jacques Urvoas, Garde des Sceaux, Ministre de la Justice à Monsieur Kami Haeri, Avocat au Barreau de Paris, Février 2017, page 56.

[139] C. Féral-Schuhl, propos recueillis par M. Battisti, *« Vers une ubérisation du droit ? »*, I2D - Information, données & documents 2016/1 (Volume 53), pages 9 à 10.

[140] *Ibdem.*

de la confidentialité, la prévention des conflits d'intérêts et l'engagement de sa responsabilité civile professionnelle, l'avocate espère que *« les nouveaux acteurs du marché ne soient plus les donneurs d'ordre »[141]*. A cet égard, le sujet semble diviser la profession d'avocat. Dans son rapport d'information sur l'avenir de la profession d'avocat, Me Kami HAERI a recueilli de témoignages de nombreux de ses confrères estimant que *« le témoignage répété dans de très nombreux colloques de créateurs de Legaltechs[142] qui ont vu certains Ordres interdire leur développement avant d'obtenir cette autorisation devant la Cour d'appel est dévastateur en termes de réputation »[143]*. Ainsi, de

---

[141] *Ibdem.*

[142] *« Qu'est-ce qu'une legaltech ?* », Dalloz Actu Etudiant, 20 septembre 2017 :

    « Une legaltech est une Legal Technology, anglicisme signifiant « technologie juridique ». Ces legaltechs ont vu le jour aux États-Unis avec l'apparition de RocketLawyer et Legalzoom qui sont venues bouleverser les pratiques traditionnelles des praticiens du droit. Elles permettent, en faisant usage de la technologie et de logiciels performants, d'offrir une large palette de services juridiques aux internautes grâce à des algorithmes de génération documentaire. Le but poursuivi par ces legaltechs est d'automatiser le service juridique et donc d'instaurer de cette manière une nouvelle relation entre le client et le professionnel du droit ».

[143] K. Haeri, *« L'avenir de la profession d'avocat »*, Rapport confié par Monsieur Jean-Jacques Urvoas, Garde des Sceaux, Ministre de la Justice à Monsieur Kami Haeri, Avocat au Barreau de Paris, Février 2017, page 18.

« *braconniers à partenaires* »[144], l'image des entrepreneurs du droit a gagné en notoriété au sein de la profession. La collaboration croissante entre *start-up* du droit et avocats n'est plus réservée à une seule minorité de « rebelles ». Par ailleurs, les efforts semblent réciproques en ce que, impulsées par l'« *ADIJ* » et « *Open Law* », nombreuses sont les *start-up* ayant signé la « *Charte éthique pour un marché du droit en ligne et ses acteurs* », laquelle dispose, en son article 5, relatif à la relation des *Legaltechs* avec les professions règlementées, que « *les signataires s'engagent à respecter le périmètre d'intervention des professions réglementées du droit conformément à leurs statuts respectifs. Ceux des signataires qui, de par leurs activités, sont amenés à fournir des services aux professionnels réglementés s'engagent à se conformer aux principes essentiels et à la déontologie régissant leurs professions* »[145].

Il est difficile de dissocier l'essor des actions collectives conjointes de celui de la *Legaltech*. On constate effectivement que nombre d'avocats spécialisés dans les contentieux conjoints entretiennent un lien étroit avec les nouvelles technologies. Si le recours aux solutions numériques n'est en rien incontournable, car des actions collectives « *plus artisanales* »[146] ont aussi eu leur

---

[144] A. Moreaux, « *L'essor de la legaltech* », Affiches Parisiennes, 9 décembre 2016.
[145] Article 5 de la « *Charte éthique pour un marché du droit en ligne et ses acteurs* », AJID & Open Law.
[146] A. Dorange, « *Actions en justice liées au Covid-19 : le renouveau des actions collectives conjointes ?* », Village de la Justice, 5 juin 2020.

moment de gloire, les plateformes en ligne restent un terrain privilégié pour ces avocats. Dans le cadre de leurs actions collectives, ces avocats se sont particulièrement approprié les solutions proposées par les *Legaltechs* et autres prestataires technologiques. Certains avocats se sont appuyés sur une plateforme spécialisée déjà existante, telle que *« V pour Verdict »,* et d'autres ont créé leur propre plateforme numérique, à l'instar de Me LEGUEVAQUES, fondateur de *« MyLeo ».* Enfin, l'on constate qu'au-delà des plateformes dédiées à la gestion d'une action collective, les avocats porteurs de recours collectifs ont eu recours à des outils technologiques plus traditionnels tels que des sites Internet, des formulaires en ligne, des interfaces de paiement en ligne ou des outils de publipostage facilitant la démultiplication et l'automatisation de la rédaction des actes de procédure.

Cet intérêt par le numérique et les nouvelles technologiques s'explique, en premier lieu, par la nécessité et l'opportunité de communiquer largement autour de la démarche collective entreprise. En effet, les sites Internet, les référencements dans les moteurs de recherche, les réseaux sociaux et forums en ligne, leur offre une visibilité privilégiée, laquelle facilite la formation du groupe de justiciables, et naturellement, la viabilité économique de l'action. En second lieu, l'engouement technologique dans le domaine des actions collectives s'explique par la nécessité pour les avocats et leurs collaborateurs d'absorber la masse de tâches extra-juridiques engendrées par une action collective telle que la gestion des pièces, la communication avec leurs clients (laquelle se doit être efficace, confidentielle et prendre en compte les exigences de l'application du secret professionnel dans le traitement des situations individuelles), la signature des conventions d'honoraires, la validation des actes de procédure en cours d'instance, et tant d'autres. Sur ce point, lorsqu'une action collective est constituée de centaines, voire de milliers de justiciables, le recours à certains outils technologiques s'impose. D'autant plus que, selon M. Quentin DHERRET, ancien développeur web chez « V pour Verdict », « chaque action collective exige un traitement différencié impliquant, parfois, la création d'un outil technologique adapté ». C'est ainsi que, dans le cadre de l'action collective « On attaque Amazon en justice », notre équipe avait créé, parallèlement aux solutions déjà proposées par « V pour Verdict », un outil collaboratif spécifique permettant aux justiciables de faire remonter les preuves de leurs préjudices et de déposer leurs pièces nécessaires au procès de telle sorte que ces dernières étaient automatiquement nommées dans un bordereau de communication de pièces afin de faciliter le traitement par les greffes.

Lorsqu'on sait que le travail d'argumentation juridique d'une action collective conjointe est identique ou similaire pour chaque participant, on comprend que le travail de l'avocat et son équipe relève, en réalité, de lourdes tâches administratives ou para-juridiques. En effet, Me Sébastien SALLES, expert dans le contentieux de masse affirmait que « les actions conjointes sont très *lourdes à gérer d'un point de vue administratif, même en utilisant les nouvelles technologies* »[147]. Il n'en demeure pas moins que l'optimisation de ces tâches, souvent facilitée par le recours au numérique, est indispensable dans la recherche par l'avocat de la viabilité (ou de la rentabilité) économique de sa démarche collective.

---

[147] C. Andry, « *Actions collectives conjointes : un démarrage en douceur, mais prometteur* », Village de la Justice, 10 novembre 2016.

Chapitre 2 – Un nouveau regard porté sur des fondements juridiques procéduraux plus anciens

Juridiquement, l'essor de l'action collective conjointe n'est en réalité que le fruit d'un nouveau regard porté par les avocats sur des fondements juridiques procéduraux plus anciens. Et ce, que ce soit devant le juge judiciaire **(Section 1)**, administratif **(Section 2)** ou pénal **(Section 3)**.

Section 1 – Les actions collectives conjointes devant le juge judiciaire

Les règles procédurales relatives à l'introduction d'une instance conjointe **(A)**, tout comme les risques inhérents à une telle pratique **(B)**, sont précisément encadrés par le Code de procédure civile.

A – Les fondements procéduraux de l'introduction d'une instance unique

Devant les tribunaux judiciaires, toute « *demande en justice est formée par assignation ou par la remise au greffe d'une requête conjointe* »[148]. Pour les actions collectives conjointes, les règles n'en diffèrent pas. L'avocat représentant un groupe de justiciables peut alors assigner la partie adverse au nom d'une ou plusieurs

---

[148] Article 854 du Code de procédure civile.

personnes physiques ou morales par le biais d'un acte unique et conjoint. De même, mais c'est beaucoup plus rare, ce groupe de justiciables peut convenir avec la partie adverse, à la suite de négociations amiables non abouties par exemple, d'un dépôt d'une requête conjointe.

En matière judiciaire, le recours à un acte introductif d'instance conjoint est constamment admis par les tribunaux, à l'exception de certains litiges encadrés par de règles spéciales[149]. En l'absence d'un droit spécial, cette pratique est alors encadrée par les règles communes de procédure civile.

Ainsi, les actions collectives conjointes intentées au cours des cinq dernières années révèlent de stratégies procédurales variées, mais toujours avec la même finalité : garantir la recevabilité de chaque demandeur à l'action ainsi que la validité de leur acte de procédure. On relèvera

---

[149] En contentieux de la nationalité par exemple, la Circulaire du 18 septembre 2015 rappelle que :

« Le caractère strictement personnel du lien de nationalité s'oppose en principe, à l'usage d'une assignation collective au nom de plusieurs demandeurs, ainsi qu'à la demande tendant à ce qu'il soit statué sur la nationalité d'un tiers décédé. Toutefois, il peut y être fait exception dans deux cas :
– lorsque la situation juridique des demandeurs à l'égard du texte applicable est absolument identique (notamment pour des déclarations acquisitives de nationalité souscrites le même jour au nom de plusieurs enfants mineurs d'une même famille) ;
– lorsque la situation juridique d'un des demandeurs est déterminée par celle de l'autre (par exemple, lorsque le conjoint étranger a acquis par erreur la nationalité française alors que son époux n'était pas français) ».

cependant que deux pratiques se démarquent. Il s'agit, d'une part, de l'hypothèse dans laquelle on délivre une assignation commune au nom de plusieurs demandeurs et, d'autre part, de celle dans laquelle on privilégie différentes assignations individuelles avant de solliciter, à l'étape de la mise en état, une jonction d'instances.

Dans l'hypothèse d'un acte introductif d'instance unique pour plusieurs demandeurs, l'avocat peut, dès la rédaction de son assignation, solliciter à ce qu'il soit fait application des dispositions de l'article 367 du Code de procédure civile. Ces dernières prévoient, dans l'intérêt d'une bonne administration de la justice, la possibilité pour le juge de joindre les instances relevant d'une affaire identique ou similaire[150]. Tout l'enjeu réside alors dans la démonstration par l'avocat de lien de connexité entre les litiges individuels et, par conséquent, de l'intérêt pour l'administration judiciaire de privilégier une instance commune. On précisera, par ailleurs, qu'il relève du pouvoir du juge, même d'office, d'ordonner la jonction d'instances qui présentent un intérêt à être jugées conjointement.

De même, la jonction d'instance peut être ordonnée par le juge, même d'office, dans l'hypothèse où l'avocat a opté initialement pour une assignation distincte

---

[150] Article 367 du Code de procédure civile : « *le juge peut, à la demande des parties ou d'office, ordonner la jonction de plusieurs instances pendantes devant lui s'il existe entre les litiges un lien tel qu'il soit de l'intérêt d'une bonne justice de les faire instruire ou juger ensemble* ».

pour chaque demandeur en dépit de l'identité ou de la similarité des litiges individuels.

On s'interroge alors sur la réception de ces pratiques par le juge. Quant à leur recevabilité, la Cour de cassation a d'ores et déjà validé la possibilité d'une assignation commune pour des « *faits semblables* », y compris en matière contractuelle. Ainsi, des faits semblables présentant une « *même question* » peuvent, au visa de l'article 53 du Code de procédure civile, fonder la pluralité de demandeurs dans une assignation commune :

« *Attendu que la société fait grief à l'arrêt d'avoir reçu la demande de MM. X... et Y..., alors, selon le moyen, que seules les prétentions se rattachant à un même titre juridique peuvent être formées dans une même assignation ; qu'en se prononçant comme elle a fait, la cour d'appel a violé les articles 53 et suivants du nouveau Code de procédure civile ; Mais attendu qu'il résulte de l'arrêt que les prétentions en cause, fondées sur des faits semblables présentaient la même question, celle du prix des fournitures en cause ; que la cour d'appel en a déduit à bon droit que les deux réclamations avaient valablement été réunies dans une assignation commune »[151].*

Depuis cet arrêt, nombreuses sont les décisions[152] des juridictions du fond statuant sur la responsabilité

---

[151] Cour de cassation, Chambre civile 1, du 19 mars 1991, 89-15.569.

[152] Pour un exemple récent sur le remboursement de billets d'avions annulés pour deux demandeurs ayant acheté le billet séparément :

contractuelle d'un défendeur vis-à-vis de plusieurs demandeurs, et qui ont déclaré ces actions recevables.

Cela étant précisé, on s'intéressera aux conséquences procédurales causées par une jonction d'instance ou par un acte introductif d'instance unique. On soulignera ici, sans prétendre à l'exhaustivité, l'impact porté sur les règles de compétence juridictionnelle. Il convient effectivement de relever une exception notable au principe de l'application des règles communes de procédure civile aux actes procéduraux conjoints : celui de la détermination de la compétence et du taux de ressort pour les prétentions émises dans une même instance et en vertu d'un *« titre commun »*. Conformément aux dispositions de l'article 36 du Code de procédure civile[153], et en présence d'un acte procédural commun basé sur un titre commun, c'est par la plus élevée des prétentions que sont déterminés la compétence et le taux de ressort de la juridiction à saisir. A cet égard, la jurisprudence est parfaitement claire et constante en ce qu'un *« titre commun »* n'est pas un fait *« semblable »*, *« similaire »* ou *« concomitant »*[154]. Il n'y a *« titre commun »* que si les

---

Tribunal de commerce de Bobigny, Chambre 07, 15 mai 2018, n° 2017F00539.

[153] Article 36 du Code de procédure civile : « *lorsque les prétentions sont émises, dans une même instance et en vertu d'un titre commun, par plusieurs demandeurs [...] la compétence et le taux du ressort sont déterminés pour l'ensemble des prétentions, par la plus élevée d'entre elles* ».

[154] Cour d'appel de Paris – Pôle 01 ch. 02 – 15 mai 2014 – n°13/17543 ; Cour de cassation, Chambre sociale, Arrêt nº 3605 du 28 octobre

demandeurs sont liés par une obligation conjointe, solidaire ou indivisible, ou que les contrats en cause sont juridiquement interdépendants. C'est ainsi qu'il a été jugé que les actions individuelles jointes de différents salariés ne sont pas exercées en vertu d'un titre commun bien qu'elles soient fondées sur un même moyen juridique tiré d'un même accord collectif[155]. Compte tenu de la jurisprudence de la Cour de cassation, l'application des dispositions de l'article 36 du Code de procédure civile en matière d'action collective conjointe, lequel a incontestablement un impact sur la juridiction saisie et sur les modalités d'appel, est toutefois limité à certains litiges contractuels.

En l'absence de titre commun, les règles de procédure de droit commun se trouvent applicables. Pour illustrer les techniques procédurales utilisées par les avocats spécialisés dans les contentieux conjoints, nous soulignerons le cas de l'action collective *« On attaque Amazon en justice »*. Ce cas est particulièrement intéressant en ce qu'il a réuni non seulement une pluralité de demandeurs, mais également de défendeurs. Dans cette affaire, plus de 500 demandeurs demandaient au Tribunal judiciaire de Nanterre de retenir la responsabilité civile

---

1992, Pourvoi nº 88-43.964 ; Cour de cassation, Chambre sociale, Arrêt nº 1490 du 16 mars 1994, Pourvoi nº 92-41.071.

[155] Cour de cassation, Chambre sociale, Arrêt nº 1441 du 27 mars 1996, Pourvoi nº 93-46.172.

délictuelle du groupe « *Amazon* » pour ses pratiques[156] d'optimisation fiscale et de leur reconnaître un nouveau préjudice moral dit « *de solidarité* »[157]. L'avocate des demandeurs a alors assigné les trois sociétés concernés par le montage fiscal en cause dans cette affaire : la société « *Amazon.com, INC.* », société de droit américain, ayant son siège social à Tumwater, aux Etats-Unis, la société « *Amazon EU SARL* », société de droit luxembourgeois,

---

[156]Concrètement, les demandeurs reprochent au groupe « *Amazon* » les faits suivants (https://vpourverdict.com/action-collective-on-attaque-amazon-justice/) :

« *En 2017, les citoyens étaient informés par la Commission européenne qu'entre 2006 et 2014, Amazon a structuré ses activités de manière à soustraire à l'impôt les trois quarts des bénéfices que l'ensemble de ses ventes dans l'UE lui permettaient de réaliser. Autrement dit Amazon a trouvé un montage pour ne payer qu'un quart des impôts qu'il aurait dû verser au titre de ses ventes dans l'Union européenne. En quoi consiste le montage : des méthodes de détermination des bénéfices imposables qui sont à la fois complexes et artificielles, et qui viole les Principes de l'OCDE applicables en matière de prix de transfert à l'intention des multinationales. Il est demandé au juge, sur le fondement de l'article 1240 du code civil, de reconnaître que l'incivisme fiscal constitue bel et bien une faute, qui cause directement un préjudice de solidarité aux citoyens* ».
Selon l'avocate des demandeurs (https://vpourverdict.com/action-collective-on-attaque-amazon-justice/) :

« *Un préjudice de solidarité est* « *un nouveau type de préjudice que nous demandons au juge de reconnaître pour la première fois. C'est un préjudice moral, qui découle d'un sentiment d'inégalité de la part des contribuables qui ne recourent pas à l'évasion fiscale et ne peuvent échapper à l'impôt, qui conduit à l'érosion des liens de solidarité entre les citoyens. Au titre de la réparation de ce préjudice, nous demandons 200 € de dommages et intérêts à Amazon* ».

ayant son siège social au Luxembourg et la société « *Amazon France Logistique SAS* », société par actions simplifiée basée à Clichy et immatriculée au Registre du commerce et des sociétés de Nanterre. Face à plus de 533 demandeurs résidant dans toute la France et trois défenderesses établies dans trois pays différents (France, Luxembourg et Etats-Unis), l'avocate des demandeurs s'est appuyé sur les règles de procédure civile française et européenne pour assigner les trois sociétés devant une seule et unique juridiction : le Tribunal judiciaire de Nanterre. En procédure civile, tant le droit national que le droit de l'Union européenne font du domicile du défendeur sur le territoire français le critère premier de compétence des juridictions françaises. Au niveau national, l'article 42 alinéa 1 du Code de procédure civile dispose que « *la juridiction territorialement compétente est, sauf disposition contraire, celle du lieu où demeure le défendeur* ». Au niveau européen, il est prévu que « *sous réserve du présent règlement, les personnes domiciliées sur le territoire d'un État membre sont attraites, quelle que soit leur nationalité, devant les juridictions de cet État membre* »[158]. Or, l'alinéa 2 de l'article 42 du Code de procédure civile prévoit qu'en présence de plusieurs défendeurs, « *le demandeur saisit, à son choix, la juridiction du lieu où demeure l'un d'eux* ». Cette disposition permet, dans un souci de bonne administration

---

[158] Article 4 du Règlement (UE) n° 1215/2012 du Parlement européen et du Conseil du 12 décembre 2012 concernant la compétence judiciaire, la reconnaissance et l'exécution des décisions en matière civile et commerciale.

de la justice, d'éviter l'éclatement du procès entre plusieurs juridictions. Elle s'applique même si certains défendeurs résident à l'étranger[159]. Néanmoins, la jurisprudence exige que, pour être applicable, les demandes formées contre les différents défendeurs doivent être connexes. Ce lien de connexité, lequel doit être « *étroit »*[160] et « *suffisant »*, « *existe dans le cas d'une procédure unique mettant en cause, dès son introduction, plusieurs défendeurs »*[161], d'autant plus lorsque les condamnations sont sollicitées solidairement ou *in solidum*. En outre, on rappellera que la demande à l'égard du défendeur domicilié en France doit présenter un caractère réel et sérieux. Ainsi, « *la condition sera remplie chaque fois que la preuve de l'unité du litige sera rapportée »*[162]. Il est à ce titre admis qu'il y a unité lorsque les demandes reposent sur les mêmes faits ou encore sur un acte commun[163]. Ainsi, en juin 2021, l'avocate appelait les trois sociétés en cause devant le Tribunal judiciaire de Nanterre, juridiction compétence pour le lieu du siège de la société française. Au nom et

---

[159] Req. 26 déc. 1899, DP 1900. 1. 90.

[160] Cass. civ 1., 24 février 1998, n° 95-20.627, Bull. N° 70 ; Cour d'appel de Paris, 6 juin 2007, n° 06/14890, Sté Google Inc et SARL Google France c./ SA AXA, SA Avanssur, SA Direct Assurances IARD ; Cour d'appel de Paris, 19 décembre 2018, n° 17/20652.

[161] M. Douchy-Oudot, « *Répertoire de procédure civile* », Dalloz, Décembre 2021, paragraphe 42 ; Civ. 1ere, 6 décembre 1989 no 87-11.747 ; Soc. 16 février 2011, n° 10-16.423, n° 10-6.534.

[162] Cholet, Guinchard, « *Droit et pratique de la procédure civile 2014-2015* », Dalloz no 131-82.

[163] Paris, 28 oct. 1992, D. 1993. IR 7. – Req. 11 juin 1888, S. 1890. 1. 516.

pour le compte de l'ensemble des demandeurs, un acte de procédure conjoint a été notifié aux trois sociétés selon des règles de notification distinctes : une première copie de l'assignation a été délivrée à « *Amazon France Logistique SAS* » sur la base des règles prévues par le Code de procédure civile français, une deuxième copie de l'assignation a ensuite été délivrée à « *Amazon EU SARL* » sur le fondement du droit européen[164], et enfin, une troisième copie de l'assignation délivrée à « *Amazon.com, INC.* » sur le fondement de la Convention de la Haye[165]. Cet acte introductif d'instance a été délivré au nom de l'ensemble des demandeurs participant à l'action collective. Cependant, les défenderesses ont demandé au juge de la mise en état l'inapplicabilité de l'alinéa 2 de l'article 42 du Code de procédure civile. Selon « *Amazon* », il revenait « *aux demandeurs d'établir en quoi Amazon France Logistique, qui fixe la compétence du Tribunal judiciaire de Nanterre, peut être regardée comme une partie réelle et sérieuse, et non comme une partie n'ayant qu'un lien artificiel avec le litige et contre laquelle les demandeurs agiraient afin d'établir une compétence française à l'encontre des codéfendeurs établis aux Etats-Unis et au Luxembourg* ». Pour les trois sociétés, l'implication de la filiale française du groupe « *Amazon* » ne visait qu'à « *attraire les entités luxembourgeoise et américaine devant les juridictions françaises* ». Les demandeurs ont alors répliqué en mettant

---

[164] Article 4 et 9-2 du règlement n° 1393/2007 du Parlement Européen et du Conseil du 13 novembre 2007.
[165] Article 5 de la Convention de la Haye du 15 novembre 1965.

en avant le caractère particulièrement complexe du montage fiscal organisé par le groupe, ainsi que l'incontournable participation de la société française dans l'acte fautif. En se déclarant[166] incompétent non pas territorialement, mais matériellement pour la résolution du litige, le juge de la mise en état de Nanterre a ainsi favorablement accueilli l'argumentaire des demandeurs en ce qui concerne la compétence territoriale de la juridiction. Dans cette affaire, l'argumentaire des demandeurs visant la saisine d'une seule et unique juridiction a été particulièrement riche. Au-delà des différents éléments mis en avant par les demandeurs dans le but de démontrer la participation de la société française dans le montage fiscal du groupe, et par conséquence, le lien de connexité des affaires, des moyens subsidiaires ont été soulevés, dont tous tendaient à démontrer la compétence territoriale du Tribunal judiciaire de Nanterre. Si l'ordonnance du juge de la mise en état de Nanterre ne permet pas d'en tirer de conclusions juridiques, on les citera afin de mieux appréhender les enjeux en la matière. En premier lieu, les demandeurs ont soulevé l'article 43 alinéa 2 du Code de procédure civile[167], associé à la jurisprudence des *Gares*

---

[166] Tribunal judiciaire de Nanterre, 1ère Chambre, ordonnance de mise en état, 12 mai 2022, n° 21/06287.

[167] *« Le lieu où demeure le défendeur s'entend :*

- s'il s'agit d'une personne physique, du lieu où celle-ci a son domicile ou, à défaut, sa résidence ;

- s'il s'agit d'une personne morale, du lieu où celle-ci est établie ».

Principales[168], par laquelle une personne morale peut être assignée devant le tribunal du lieu de situation de l'un de ses établissements secondaires des lors que celui-ci jouit d'une autonomie suffisante, et que le litige se rapporte à son activité ou que les faits générateurs de responsabilité se sont produits dans le ressort de celle-ci. En deuxième lieu, les demandeurs ont soulevé l'article 46 du Code de procédure civile[169] disposant qu'en matière délictuelle, le demandeur a la possibilité de saisir *« la juridiction du lieu du fait dommageable ou celle dans le ressort de laquelle le dommage a été subi »*. Ainsi, les 533 demandeurs résidant en France faisaient valoir que leur préjudice moral a été subi en France et que, s'ils étaient repartis sur l'ensemble du territoire français, une dizaine d'entre eux étaient résidents dans les Hauts de Seine, justifiant selon eux la compétence du Tribunal judiciaire de Nanterre dans l'intérêt d'une bonne administration de la justice. En

---

[168] Cour de Cassation, Civ. 4 mars 1857 : DP 1857. 1. 124 ; Civ. 2eme, 6 avril 2006, no 04-17.849).

[169] *« Le demandeur peut saisir à son choix, outre la juridiction du lieu où demeure le défendeur :*

- en matière contractuelle, la juridiction du lieu de la livraison effective de la chose ou du lieu de l'exécution de la prestation de service ;

- en matière délictuelle, la juridiction du lieu du fait dommageable ou celle dans le ressort de laquelle le dommage a été subi ;

- en matière mixte, la juridiction du lieu où est situé l'immeuble ;

- en matière d'aliments ou de contribution aux charges du mariage, la juridiction du lieu où demeure le créancier ».

dernier lieu, c'est vers le Code civil[170] que les demandeurs se sont tournés, et notamment ses articles 14 et 15. Ces derniers prévoient la possibilité pour un étranger d'être traduit devant les juridictions françaises en présence d'un critère de rattachement de l'instance au territoire français. Par ailleurs, la jurisprudence a consacré la portée générale de ces articles qui s'étendent désormais à toutes matières[171]. Le demandeur français peut ainsi valablement saisir le tribunal qu'il choisit en raison d'un lien de rattachement de l'instance au territoire français, ou, à défaut, selon les exigences d'une bonne administration de la justice[172]. Les demandeurs à cette affaire ont alors mis en avant le lien de rattachement de l'affaire au Tribunal judiciaire de Nanterre. Premièrement, selon les demandeurs, une partie du fait dommageable se serait produite en France. Deuxièmement, le dommage aurait été subi et consolidé en France, alors que les demandeurs justifient tous de leur résidence en France. Enfin, les demandeurs, pour faire valoir l'application de la jurisprudence au visa des article 14 et 15 du Code civil ont,

---

[170] Article 14 du Code civil : « *L'étranger, même non résidant en France, pourra être cité devant les tribunaux français, pour l'exécution des obligations par lui contractées en France avec un Français ; il pourra être traduit devant les tribunaux de France, pour les obligations par lui contractées en pays étranger envers des Français* ».
Article 15 du Code civil : « *Un Français pourra être traduit devant un tribunal de France, pour des obligations par lui contractées en pays étranger, même avec un étranger.* »
[171] Cour de cassation, Civ. 1ere, 17 nov. 1981 no 80-14.728.
[172] Cour de cassation, Civ. 1ere, 13 juin 1979, no 77-11.610.

au surplus, fait valoir le *« déséquilibre des forces et des moyens entre la multinationale et les demandeurs »*, de sorte qu'il serait *« de bonne administration de la justice et de garantie d'accès au droit, que l'affaire soit portée devant les tribunaux français, le contraire conduirait nécessairement à un éclatement du litige entre trois instances à l'international et à l'impossibilité procédurale et financière pour les 533 demandeurs d'accéder au juge »*.

Enfin, l'introduction d'une demande en justice dans le cadre d'une action collective conjointe peut aussi être fondée sur le mécanisme de l'intervention volontaire. A l'instar des demandes conjointes présentées au titre d'une assignation commune, toute intervention volontaire doit se rattacher aux prétentions des parties par un lien suffisant[173]. L'intervention volontaire est principale lorsqu'elle élève une prétention au profit de l'intervenant. Ainsi, le recours à l'intervention volontaire est courant en ce qu'il permet aux avocats d'intégrer de nouveaux demandeurs qui n'avaient pas connaissance de l'existence de l'action lors de l'introduction de l'instance. Certains avocats, pour bénéficier des effets liés à la publicité du procès, vont introduire une instance avec un groupe de demandeurs réduit, tout en se laissant la possibilité d'intégrer d'autres justiciables dans leur recours par le biais d'une intervention volontaire principale.

---

[173] Article 325 du Code de procédure civile.

B – Les risques inhérents à l'introduction d'une instance conjointe

Si le juge dispose de la possibilité de joindre des instances connexes, on rappellera qu'il peut, au contraire, et en l'absence de connexité entre les affaires, disjoindre une instance[174]. Sa décision sera alors motivée par le même intérêt de bonne administration de la justice, de sorte que le seul fait d'introduire une instance conjointement, par un acte unique, n'emporte aucune garantie pour l'avocat des demandeurs que les litiges individuels seront effectivement jugés dans le cadre d'un procès commun. Ainsi, le premier risque inhérent à un acte procédural unique est celui lié à l'éclatement de l'instance, pouvant engendrer des frais et des obstacles procéduraux importants, tels que des frais de postulation par exemple.

Quant au risque de nullité des actes de procédure, les avocats spécialisés dans les actions collectives conjointes sont, jusqu'alors, plutôt sereins. Pour cause, aucune juridiction saisie d'une action collective étudiée n'a retenu, du seul fait de son unicité, une quelconque cause de nullité de fond ou de forme. Force est de reconnaître qu'un tel risque semble, *a priori*, faible. Concrètement, pour qu'une assignation soit déclarée nulle et l'action irrecevable, l'acte doit être soit entaché d'une nullité de forme ou de fond. Concernant la nullité de

---

[174] Article 367 alinéa 2 du Code de procédure civile : « *il peut également ordonner la disjonction d'une instance en plusieurs* ».

forme, les articles 114[175] et 115[176] du Code de procédure civile exigent un fondement textuel ainsi que la démonstration d'un grief, étant précisé qu'en l'état du droit positif, la pluralité de demandeurs ne constitue en rien une nullité de forme et ne méconnaît aucun texte. Concernant la nullité de fond, elles sont limitativement énumérées à l'article 117 du Code de procédure civile[177], et ne concernent que le défaut de capacité ou de pouvoir d'une partie d'ester en justice, ainsi que le défaut d'incapacité ou de pouvoir d'une personne assurant la représentation d'une partie en justice. C'est pourquoi, à cet égard, les avocats spécialisés dans le contentieux collectif accordent une attention particulière à la formalisation de leur mandat de représentation. Ils anticipent ainsi le moyen

---

[175] Article 114 du Code de procédure civile : « aucun acte de procédure ne peut être déclaré nul pour vice de forme si la nullité n'en est pas expressément prévue par la loi, sauf en cas d'inobservation d'une formalité substantielle ou d'ordre public. La nullité ne peut être prononcée qu'à charge pour l'adversaire qui l'invoque de prouver le grief que lui cause l'irrégularité, même lorsqu'il s'agit d'une formalité substantielle ou d'ordre public.

[176] Article 115 du Code de procédure civile : « la nullité est couverte par la régularisation ultérieure de l'acte si aucune forclusion n'est intervenue et si la régularisation ne laisse subsister aucun grief ».

177 Article 177 du Code de procédure civile : « *constituent des irrégularités de fond affectant la validité de l'acte :*
  - le défaut de capacité d'ester en justice ;
  - le défaut de pouvoir d'une partie ou d'une personne figurant au procès comme représentant soit d'une personne morale, soit d'une personne atteinte d'une incapacité d'exercice ;
  - le défaut de capacité ou de pouvoir d'une personne assurant la représentation d'une partie en justice ».

de défense tiré d'un défaut de mandat de représentation par l'avocat pour certains demandeurs. En effet, la question a pu se poser notamment pour les mandats de représentation dans le cadre des actions collectives lorsque c'est une association qui mandate l'avocat pour le compte de ses membres[178].

On pourrait alors légitimement se poser la question suivante : la nullité de fond, susceptible d'entacher l'action de l'un des codemandeurs, affecte-t-elle la validité de l'acte introductif d'instance à l'égard des autres demandeurs ? Pour mieux l'appréhender, nous nous rapporterons à nouveau à l'action « *On attaque Amazon en justice* ». En défense les avocats du groupe « *Amazon* » ont soulevé, par leurs conclusions sur incident, la nullité des assignations délivrées aux trois sociétés pour vice de forme en ce que, selon les défenderesses, certaines mentions requises par les articles 54 et 648 du Code de procédure civile, relatives à la nationalité, au lieu de naissance et à la profession de 63 des 533 demandeurs faisaient défaut. A ce moyen l'avocate des demandeurs a répondu que les défenderesses ne justifieraient d'aucun grief, lequel doit être apprécié *in concreto*[179]. Un tel moyen en défense n'a, en l'espèce, pas été retenu par le juge de la mise en état, d'autant plus que la majorité des 63 demandeurs a apporté à la connaissance des

---

[178] Cour de cassation, civile, Chambre civile 1, 12 décembre 2018, 17-19.387.
[179] C. Bléry, Dalloz action Droit et pratique de la procédure civile, 2021-2022, paragraphe 272.111

défenderesses et de la juridictions les mentions manquantes, de sorte que l'acte a ainsi été régularisé à leur égard sur le fondement de l'article 115 du Code de procédure civile. Mais si le juge avait retenu le moyen soulevé par le groupe « *Amazon* », quel aurait été le sort de l'acte introductif d'instance vis-à-vis des 470 autres demandeurs pour lesquels aucune mention obligatoire n'était manquante ? A cette question, ce sont les dispositions des articles 323 et 324 du Code de procédure civile qui apportent la réponse. Le premier dispose que « *lorsque la demande est formée par ou contre plusieurs coïntéressés, chacun d'eux exerce et supporte pour ce qui le concerne les droits et obligations des parties à l'instance* ». Le second précise que « *les actes accomplis par ou contre l'un des coïntéressés ne profitent ni ne nuisent aux autres, sous réserve de ce qui est dit aux articles 475, 529, 552, 553 et 615* ». S'agissant, à titre indicatif, d'une nullité de fond concernant le défaut de capacité d'ester en justice, la question a été tranchée de nombreuses fois et la solution est toujours identique : s'agissant d'une assignation, il est jugé que le défaut de capacité de l'une des parties au nom de laquelle est délivré un acte « *n'affecte pas la validité de celui-ci à l'égard des autres parties au nom desquelles l'acte est régulièrement délivré* »[180].

En somme, le seul fait de délivrer une assignation unique pour plusieurs demandeurs n'est pas de nature à

---

[180] Cour de cassation, Civ. 2e, 25 févr. 2010 ; rappel récent : Cour de cassation, Chambre civile 3, 5 octobre 2017, 16-21.499.

entraîner la nullité de l'acte introductif d'instance. Et en l'état de la jurisprudence, si l'action de l'un des demandeurs est frappée d'une nullité de fond, cela n'aura pas pour effet d'affecter la validité de l'assignation pour les autres demandeurs.

Les risques sont toutefois plus élevés dans le cadre des actions collectives conjointes introduites sur le fondement de l'article 36 du Code de procédure civile, déjà cité, dont la compétence et le taux de ressort dépendent du montant du « *titre commun* » en possession des demandeurs. Pour l'illustrer, nous citerons une jurisprudence[181] dans laquelle huit propriétaires immobiliers ont assigné, ensemble, l'Office National de la Chasse (ONC) pour obtenir la réparation de leurs préjudices, ayant tous été victimes de dégâts causés à leurs plantations forestières par des cervidés sur une même commune. La Cour d'appel de Pau avait déclaré irrecevable l'appel interjeté par quatre des huit propriétaires, en retenant que les demandes des victimes reposaient sur des droits et des intérêts différents et personnels, écartant l'existence d'un « *titre commun* » au sens de l'article 36 du Code de procédure civile, de sorte que, compte tenu du montant des demandes, le jugement de première instance avait été rendu en dernier ressort à l'encontre des quatre demandeurs déboutés. Mais pour les appelants, leurs demandes étaient, au contraire, toutes fondées sur une même cause juridique et sur les mêmes

---

[181] Cour de Cassation, Chambre civile 2, du 5 juin 1991, 90-14.346, Publié au bulletin.

faits, de sorte le taux du ressort aurait dû être déterminé pour l'ensemble de ces demandes émises en vertu d'un « *titre commun* » par la demande la plus élevée d'entre elles. La Cour de cassation a rejeté leur pourvoi et confirmé l'irrecevabilité de l'appel formé par les quatre propriétaires sur la base du montant des préjudices de leurs codemandeurs.

Dans le même sens, l'irrecevabilité d'un groupe d'appelants a été retenu dans une affaire[182] tranchée en 1997, dans laquelle les véhicules de sept employés d'une société, qui étaient garés dans l'enceinte de l'usine exploitée par celle-ci, avaient été endommagés par des retombées de produits acides. Ces victimes avaient demandé à la société la réparation de leurs préjudices respectifs devant un tribunal d'instance. Le jugement avait joint les instances en première instance et débouté les demandeurs. Ces derniers ont alors, conjointement, fait appel du jugement. Mais la Cour d'appel de Metz, alors saisie, a admis l'irrecevabilité de six des sept demandeurs pour lesquels le jugement de première instance aurait, compte tenu des montants des demandes, été rendu en dernier ressort. Les six appelants, pour solliciter l'application des dispositions de l'article 36 du Code de procédure civile et s'appuyer sur le montant des demandes de l'un de leur cointéressés, pour qui le jugement était susceptible d'appel, « *invoquaient des faits similaires, se prévalaient d'un fondement juridique identique* », de sorte que leurs actions en justice auraient procédé d'un « *titre*

---

[182] Cour de cassation, Chambre civile 2, 29 avril 1997, 95-11551.

commun ». Là encore, la Cour de cassation a déclaré six appelants sur sept irrecevables en considérant qu'ils n'invoquaient pas un titre commun.

Section 2 – Les actions collectives conjointes devant le juge administratif

En contentieux administratif, la jurisprudence est particulière riche quant aux règles de recevabilité d'une requête collective **(A)** ainsi qu'aux risques inhérents à une telle pratique **(B)**.

A – Les fondements procéduraux d'une requête collective

En contentieux administratif, la recevabilité d'une requête collective a fait l'objet de débats jurisprudentiels poussés. A l'exception des litiges en matière fiscale, dont l'article R. 197-1 du Livre des procédures fiscales qui impose que *« les réclamations doivent être individuelles »*[183], la recevabilité des requêtes collectives

---

[183] Sur ce point, l'avocat fiscaliste Thomas Ramon a organisé, *via* la plateforme *« V pour Verdict »* des démarches collectives visant à faciliter l'accès aux recours individuels similaires en matière fiscale. C'est par exemple le cas de l'action « Fiscalité immobilière non-résidents » qui était destinée aux non-résidents européens ou travailleurs frontaliers qui auraient été doublement imposés et prélevés au titre de la CSG/CRDS.
Selon l'avocat : *« dans un arrêt de Ruyter du 26 février 2015, la Cour de Justice de l'Union Européenne (CJUE) a invalidé l'application des prélèvements sociaux français aux résidents d'un autre pays membre de l'Union Européenne, de l'Espace Économique Européen ou de la Suisse.*
La juridiction européenne a en effet considéré qu'un résident ou travailleur frontalier d'un de ces pays ne doit pas être soumis à une double cotisation au titre du financement de la sécurité sociale

conformément au principe d'unicité de la législation sociale issu du Règlement Européen n°883/2004 du 29 avril 2004.

Cette jurisprudence avait contraint le gouvernement français à revoir l'affectation des prélèvements sociaux pour qu'ils ne financent plus des prestations d'assurance. En effet, de très nombreux contribuables non-résidents ou frontaliers ont ainsi contesté leur imposition aux prélèvements sociaux sur leur revenus fonciers ou leurs plus-values immobilières et l'Etat français avait dû les rembourser.

La loi de financement de la sécurité sociale pour 2016 a ensuite modifié l'affectation des recettes des prélèvements sociaux des non-résidents qui n'étaient plus affectées aux branches générales de la sécurité sociale mais au Fonds de Solidarité Vieillesse (FSV), à la Caisse d'Amortissement de la Dette Sociale (CADES) et/ou à la Caisse Nationale de Solidarité pour l'Autonomie (CNSA).

Dans un arrêt récent DREYER c/ FRANCE du 14 mars 2019, la CJUE vient de juger à nouveau que les prélèvements sociaux affectés à la CNSA doivent être considérés comme des contributions visant à financer des prestations de sécurité sociale soumises au principe d'unicité de la législation sociale applicable.

En conséquence de cet arrêt, les non-résidents européens et les travailleurs frontaliers peuvent demander un remboursement de leur CSG/CRDS appliquées à :

- *leurs revenus fonciers 2016 et 2017 (2018 faisant l'objet d'une exonération en raison de la mise en place du prélèvement à la source) ;*
- *leurs plus-values immobilières réalisées en 2017 et 2018.*

Cette action permet de contester votre imposition aux prélèvements sociaux sur vos revenus fonciers ou vos plus-values immobilières, et ainsi obtenir un remboursement de l'administration fiscale ».

est largement admise par la jurisprudence administrative[184].

Si le principe est initialement celui du caractère individuel des requêtes, le juge administratif l'a fortement assoupli en ce que la seule limite réside désormais dans un certain *« souci d'ordre »*[185] : il s'agit de conditionner la recevabilité de la requête collective à l'existence d'un *« lien suffisant »* entre les demandes formulées par les requérants dans l'intérêt d'une bonne administration de la justice.

Mais avant toute chose, il convient de rappeler une importante distinction en matière de requêtes collectives en contentieux administratif. Ces requêtes peuvent, d'une part, être personnelles, lorsque plusieurs requérants attaquent un même acte administratif, et, d'autre part, réelles, lorsqu'un seul requérant attaque plusieurs actes. En outre, les tribunaux administratifs connaissent aussi les requêtes collectives mixtes, par lesquelles différents requérants attaquent plusieurs actes. Dans ces trois hypothèses (mais, rappelons-le, en dehors de toute considération relative à l'exigence d'un intérêt à agir), le seul critère de recevabilité d'une requête collective tient

---

[184] Conclusions de Mme E. Bokdam-Tognetti, Rapporteure publique, Conseil d'Etat, N° 440845 – M. X… et autres 9ème et 10ème chambres réunies, Séance du 26 novembre 2021, Lecture du 10 décembre 2021.
[185] Conseil d'Etat, Section du 8 janvier 1960, Min. de l'éducation nationale c/ B… et autres (n° 44130, Page 18).

au seul « *lien suffisant* »[186] entre les conclusions sollicitées par les requérants. En outre, et dans l'hypothèse où le juge, dans l'exercice de son pouvoir souverain d'appréciation, retient dans un premier temps l'absence de lien suffisant entre les conclusions présentées par les requérants, l'irrecevabilité de la requête collective ne peut être retenue que si les parties sont préalablement invitées à régulariser leur requête et que ces dernières s'abstiennent de le faire dans le délai imparti[187].

Cela étant établi, les requêtes collectives n'échappent bien évidemment pas aux règles de recevabilité traditionnelles, et notamment à l'exigence d'un intérêt à agir. A cet égard, et concernant précisément les requêtes personnelles en excès de pouvoir, on conçoit que la requête collective soit recevable si seul l'un des signataires justifie d'un intérêt à agir et qu'il agit dans les délais que lui sont impartis[188], y compris lorsque le requérant ne disposait pas de la qualité à agir en tant que premier signataire. Une telle souplesse jurisprudentielle serait fondée, selon A. Heurté[189], sur la conception selon laquelle « *une illégalité, lorsqu'elle a été commise, donne naissance à une action unique, bien que celle-ci puisse*

---

[186] Conseil d'Etat, Section D... du 30 mars 1973 (n° 80717, Page 265, avec concl. Théry).

[187] Conseil d'Etat, 25 février 1987, Mortet : Rec. CE 1987, tables, Page 880.

[188] Conseil d'Etat, 4 mai 1988, Union nationale des industries de la manutention des ports français, n° 71806, T. pp. 950-952.

[189] A. Heurté, « *Les requêtes collectives* », Actualité juridique. Droit administratif, I. Doctrine, 1961, p. 527-532.

être à la disposition de plusieurs personnes ». Ainsi, la recevabilité des requêtes collectives dans le but d'annuler un acte administratif est parfaitement admise. Concernant toutefois les requêtes collectives en matière indemnitaire, la jurisprudence est davantage controversée, mais sans que le principe de l'admission des demandes formulées collectivement sur la base d'un lien de connexité ne soit véritablement remis en question. Et ce, même lorsque la requête soulève une seule et unique faute de l'administration visant la réparation d'un préjudice personnellement et directement subi par chacun des requérants. Dans ce cas, rien ne fait obstacle à ce que le juge procède à une appréciation de l'existence d'un lien de connexité entre les demandes des requérants. Les juridictions administratives n'écartent la recevabilité des requêtes collectives en matière de plein contentieux *« que dans les seuls cas où les situations soumises au juge n'ont vraiment aucun rapport entre elles, de sorte que, pour statuer, le juge aurait à procéder à un examen séparé de situations étrangères les unes aux autres »*[190]. Enfin, l'admission des requêtes collectives mixtes en matière indemnitaire est souvent justifiée par la nécessité d'une meilleure administration de la justice. Dans un litige où était en question la régularisation d'une requête collective mixte par la production, à la charge des requérants, de nouvelles requêtes distinctes, la Rapporteure publique auprès du Conseil d'Etat, Madame Emilie BOKDAM-

---

[190] R. Poupet, Avocat au Conseil d'Etat et à la Cour de Cassation, *« Introduction de l'instance, Requête introductive d'instance »*, JurisClasseur Justice administrative, Fasc. 42, 31 Décembre 2014.

TOGNETTI, a conclu qu'une telle exigence *« reviendrait à accroître inutilement non seulement le travail des greffes mais aussi les frais d'avocat des membres d'une famille, pour des demandes tendant à la réparation des conséquences d'une seule et même faute »*[191].

Face à l'assouplissement de la jurisprudence quant à la recevabilité des requêtes collectives, le Code de justice administrative prévoit désormais les règles de compétences spécifiques aux litiges connexes portés devant les tribunaux administratifs. En présence d'affaires connexes entre les demandes relevant de la compétence de deux tribunaux administratifs par exemple, le tribunal saisi *« d'une demande relevant de sa compétence territoriale est également compétent pour connaître d'une demande connexe à la précédente et relevant normalement de la compétence territoriale d'un autre tribunal administratif »*[192]. En outre, les juridictions administratives de première instance disposent même de la possibilité, lorsque deux tribunaux administratifs sont simultanément saisis *« de demandes distinctes mais connexes relevant normalement de leur compétence territoriale respective »*[193], de saisir le président du contentieux du Conseil d'Etat afin qu'il soit statué sur la

---

[191] Conclusions de Mme E. Bokdam-Tognetti, Rapporteure publique, Conseil d'Etat, N° 440845 – M. X… et autres 9ème et 10ème chambres réunies, Séance du 26 novembre 2021, Lecture du 10 décembre 2021, page 7.

[192] Article R. 342-1 du Code de justice administrative.

[193] Article R. 342-2 du Code de justice administrative.

connexité des affaires et qu'il soit déterminé la juridiction compétente pour l'instruire et la juger. Ainsi, si une instance administrative peut être ouverte à l'initiative des requérants, elle peut l'être également à l'initiative des juges, et ce, dans le même but poursuivi d'une meilleure administration de la justice.

En pratique, les actions collectives conjointes en matière de contentieux administratif, qu'il s'agisse d'un recours pour excès de pouvoir ou de plein contentieux, ne contredisent nullement la théorie. Un exemple notable en plein contentieux permet de l'illustrer. Privés d'aides de la Métropole de Lyon durant le premier confinement, dû à la pandémie de Covid-19, des artisans-taxis se sont organisées autour de la plateforme « *V pour Verdict* » pour engager une action judiciaire collective devant le Tribunal administratif de Lyon en raison d'une « *discrimination préjudiciable et rupture d'égalité de traitement caractérisée* »[194]. Selon les requérants, seuls les commerçants, artisans et TPE installés dans la Métropole de Lyon ont pu bénéficier d'une aide de 1.000 euros, financées par la Métropole, pour faire face aux difficultés économiques causées par la crise sanitaire. De nombreux artisans-taxi ayant leur domiciliation au lieu de leur domicile, mais ayant la Métropole de Lyon comme lieu effectif d'exercice de leur activité professionnelle, se sont estimés injustement lésés par les critères d'éligibilité fixés par la Métropole de Lyon. Représentés par Me François

---

[194] D. Lepetitgaland, « *Aide Covid : une action collective lancée par les taxis oubliés* », Le Progrès, 21 janvier 2021.

GUILLAUD, Avocat au Barreau de Lyon, 28 artisans-taxi ont alors saisi la juridiction administrative. Conformément aux dispositions des articles R. 411-5 et R. 751-3 du Code de justice administrative, Monsieur R. K., artisan-taxi lyonnais a été désigné comme représentant de ses confrères, parties à l'instance. A cet égard, nous observerons, en effet, que l'identification d'un représentant unique par les parties d'une requête collective est une spécificité notable du contentieux administratif collectif. Dans cette espèce, c'est donc la requête *« R. K. et autres »* qui était soumise à l'appréciation du juge administratif lyonnais. Concernant précisément la recevabilité de la requête collective, le juge lyonnais a fait usage de son pouvoir d'appréciation pour joindre les requêtes, en précisant en ces termes : *« les requêtes susvisées n° 2106047 et n° 2106130, présentées pour M. Koenig et autres présentent à juger les mêmes questions et ont fait l'objet d'une instruction commune. Il y a lieu de les joindre pour statuer par un seul jugement »*[195].

Enfin, les justiciables disposent, à l'instar de la procédure civile, de la possibilité d'intervenir[196] volontairement à une instance déjà en cours. Une demande effectuée dans le cadre d'une intervention volontaire peut être formée à tout moment de la procédure[197], mais sa recevabilité dépend de la recevabilité de la requête

---

[195] Tribunal administratif de Lyon, R. K. et autres, 25 janvier 2022, n° 2106047-2106130.
[196] Article R. 632-1 du Code de justice administrative.
[197] Conseil d'Etat 29 mars 1954, Veuve Nardon, Rec., Page 293.

principale sur laquelle elle vient se greffer[198]. Ainsi, la voie de l'intervention se prête particulièrement aux actions collectives conjointes en ce qu'elle permet à un premier groupe de requérants de déposer une requête collective puis, une fois que d'autres administrés ont pu avoir connaissance de l'action, de se joindre au groupe des requérants à l'origine du recours en ayant recours à la voie de l'intervention. Une instance en présence d'une intervention volontaire principale est nécessairement collective en ce qu'au moins deux requérants ont un intérêt commun à ce que l'acte administratif soit censuré. Là aussi, on ne relèvera pas d'obstacle majeur à la recevabilité d'une requête en intervention volontaire principale. En matière de recours d'excès de pouvoir, l'intervenant est simplement tenu de justifier d'un intérêt propre à obtenir l'annulation ou le maintien de l'acte querellé[199]. Dans le cadre d'un recours de plein contentieux, si l'intérêt d'une partie à intervenir est plus rigidement interprété en ce que *« sont seules recevables à former une intervention les personnes qui se prévalent d'un droit auquel la décision à rendre est susceptible de préjudicier »*[200], il ne ressort des actions collectives conjointes analysées aucun obstacle majeur au recours à ce mode d'intervention judiciaire.

---

[198] Conseil d'Etat, 3 / 5 SSR, du 10 novembre 1989, 48932.
[199] Conseil d'Etat 29 février 1952, Chambre syndicale des détaillants en articles de sport et camping de France, Rec., Page 143.
[200] Conseil d'Etat, Section, 15 juillet 1957, Ville de Royan et S.A. des casinos de Royan, Rec., Page 499.

B – Les risques inhérents à une requête collective

Contrairement à la procédure civile, toute requête collective en matière administrative suppose la désignation d'un représentant du groupe des requérants. En effet, l'article R. 411-5 du Code de justice administrative dispose que « *la requête présentée par plusieurs personnes physiques ou morales doit comporter, parmi les signataires, la désignation d'un représentant unique* ». Si les requérants, eux-mêmes, ne procèdent pas à une telle désignation, « *le premier dénommé est avisé par le greffe qu'il est considéré comme le représentant* », sauf à provoquer, de la part des autres signataires qui en informent la juridiction, la désignation d'un autre représentant unique choisi parmi eux[201].

Une telle exigence n'est pas une simple formalité. Elle exige de la part du « *représentant* », que ce dernier fasse preuve d'une particulière implication dans le contentieux engagé. Pour cause, l'article R. 751-3 du Code de justice administrative prévoit que « *lorsqu'une requête, un mémoire en défense ou un mémoire en intervention a été présenté par plusieurs personnes physiques ou morales, la décision est notifiée au représentant unique mentionné* ». Mais surtout, « *cette notification est opposable aux autres signataires* ». Ainsi, le groupe des requérants à une action collective devant les tribunaux administratifs est particulièrement dépendant du requérant

---

[201] C. trib. adm., art. R. 92; Décr. no 63-766 du 30 juill. 1963, art. 53-5.

désigné comme étant leur « *représentant* ». Et le défaut de diligence de ce dernier représente, de toute évidence, un risque majeur dans le cadre d'une requête collective. A titre indicatif, et dans le cadre de l'action collective précitée, « *R. K. et autres* », seul le requérant désigné comme « *représentant* », Monsieur R. K. s'est vu notifier, outre son avocat, la décision rendue par le Tribunal administratif de Lyon. Or, les effets de la décision, tout comme le délai d'appel de cette dernière, étaient parfaitement opposables à l'égard de l'ensemble des 28 requérants, de sorte que ces derniers se trouvaient dépendants des diligences entreprises par leur confrère taxi et leur avocat. Une telle spécificité représente, bien entendu, un risque pour les requérants qui ne sont pas désignés comme représentants. De plus, l'article R. 411-6 du même code, prévoit, quant à lui, que lorsque « *la requête est présentée par plusieurs personnes physiques ou morales, tous les actes de la procédure sont accomplis à l'égard du représentant unique* ». Dès lors, la dépendance du groupe de requérants vis-à-vis, soit de leur avocat le cas échéant, soit de leur « *représentant* », est présente durant tout le cycle de vie de l'instance introduite collectivement.

Mais au visa de l'article R. 411-5 du Code de justice administrative, la jurisprudence se montre plutôt rassurante, permettant aux requérants de minimiser raisonnablement les risques inhérents à leur démarche collective.

Concernant les effets du désistement d'instance à l'initiative du « *représentant* » par exemple, il convient de préciser que le mandataire unique ne peut valablement, sous sa seule signature, présenter un acte de désistement valant pour l'ensemble des requérants. En effet, « *la juridiction saisie ne peut, en donnant acte de ce désistement, régulièrement clore la requête, sans avoir au préalable invité le mandataire à produire un acte de désistement signé par chacune des parties représentées »*[202].

On notera également que le défaut de signature[203] d'une requête collective par l'un des requérants ne conduit pas à l'irrecevabilité de la requête collective. Un tel manquement a seulement pour effet d'interdire d'accorder à la personne qui n'a pas personnellement signé la requête le remboursement des frais exposés et non compris dans les dépens.

---

[202] Cour administrative d'appel de Lyon, 5 avril 2005, Pinget et a.: Lebon T. 1019.
[203] Conseil d'Etat, 8 juillet 2005, Cté d'agglomération de Moulins, no 268610 B.

Section 3 – Les actions collectives conjointes devant le juge pénal

Le Code de procédure pénale encadre, lui aussi, les règles relatives à l'action civile par une pluralité de victimes **(A)** ainsi que les effets qui en découlent **(B)**.

A – Les fondements procéduraux du déclenchement de l'action civile par un collectif de victimes

Si le litige collectif concerne une infraction réappréhendée pénalement, les personnes physiques et morales ayant subi un préjudice direct disposent de plusieurs possibilités pour agir.

D'abord, les victimes ont la possibilité d'intervenir dans une procédure en cours. Dans l'hypothèse où l'action publique a déjà été déclenchée par le Procureur de la République par le biais d'un réquisitoire introductif auprès du juge d'instruction, les plaignants peuvent, à tout moment[204], se joindre à l'instruction en se constituant partie civile. Par ailleurs, et conformément aux dispositions de l'article 80-3 du Code de procédure pénale, le Procureur de la République est tenu d'avertir les victimes d'une infraction de l'ouverture d'une procédure et de leur droit de se constituer partie civile. Si aucune autre disposition ne fait obstacle à ce que l'avis du Procureur de la République soit adressé à plusieurs

---

[204] Article 87 du Code de procédure pénale.

victimes d'une même infraction, une telle démarche reste limitée dans le cadre d'une action collective conjointe en ce que l'application de l'article 80-3 précité implique que l'identité de toutes les victimes soit connue. Enfin, les victimes peuvent également se constituer parties civiles, par la voie de l'intervention[205] devant la juridiction de jugement, à condition que celle-ci soit formalisée dès la première instance[206] et avant les réquisitions du Procureur de la République[207].

Mais, en matière d'action collective conjointe, c'est notamment la constitution de partie civile par la voie d'action qui semble privilégiée. En effet, si l'action publique est en principe mise en mouvement par le parquet, elle peut aussi être exercée par la ou les parties lésées[208]. Le pouvoir pénal exercé par les victimes présumées d'une infraction est toutefois fortement encadré en ce qu'il suppose que plusieurs conditions soient remplies. Au-delà des conditions de recevabilité relatives, entre autres, à l'existence du préjudice[209], à la qualification

---

[205] Article 418 du Code de procédure pénale.

[206] Crim. 26 nov. 1991, no 90-83.008, P no 437; Gaz. Pal. 1992. Somm. 170, note J.-P. Doucet ; Crim. 20 juin 2006, no 05-86.211, NP.

[207] Article 421 du Code de procédure pénale.

[208] Article 1er du Code de procédure pénale.

[209] « S'il est vrai que la constitution de partie civile peut avoir pour seul objet de corroborer l'action publique, encore faut-il, pour qu'elle soit recevable, que les circonstances sur lesquelles elle s'appuie permettent à la juridiction d'instruction d'admettre comme possibles, non seulement l'existence du préjudice allégué, mais aussi la relation directe de celui-ci avec l'infraction poursuivie » (Cour de cassation,

de l'infraction pénale, à la compétence matérielle et territoriale de la juridiction saisie et aux règles de compétences spéciales dans certaines matières, ce sont les conditions exigées par l'article 2 du Code de procédure pénale qui appellent une attention particulière dans le cadre d'une démarche collective. La recevabilité d'une constitution de partie civile par voie d'action suppose que les plaignants justifient d'un intérêt à agir personnel et direct. En effet, la qualité à défendre l'intérêt général appartient exclusivement au Ministère public[210]. Ce point est essentiel car, en matière d'action collective conjointe, la frontière entre l'intérêt personnel et l'intérêt général peut parfois s'avérer difficilement traçable. Toutefois, la jurisprudence admet, de manière constante, la recevabilité de l'action civile lorsque l'intérêt particulier d'un ou plusieurs plaignants est atteint par la violation d'une norme initialement édictée en vue de la sauvegarde de

---

Crim. 19 févr. 2002, no 00-86.244 P : D. 2002. IR 1321 ; 2 mai 2007, no 06-84.130 P ; 17 juin 2008, no 07-80.339 P: D. 2008. AJ 1903, note Girault ; ibid. 2008. Pan. 2759, obs. Pradel ; Dr. pénal 2009. Chron. 1, obs. Guérin).

[210] *« L'action en justice pour la défense d'un intérêt général relève de la seule compétence du ministère public : est irrecevable la constitution de partie civile du département à la suite de la constatation d'une surmortalité d'abeilles susceptible d'être imputée à l'utilisation d'un produit phytopharmaceutique »* (Cour de cassation, Crim. 19 déc. 2006, no 05-81.138 P : D. 2007. AJ 374 ; AJ pénal 2007. 136, obs. Saas ; RSC 2007. 303, obs. J.-H. Robert ; Dr. pénal 2007. Comm. 37, obs. J.-H. Robert).

l'intérêt général[211]. Un tel principe avait initialement été consacré par une importante évolution de la position de la Chambre criminelle, amorcée en 1970 avec l'arrêt *Juste*[212], selon lequel « *la circonstance que la législation en cause a pour objet principal la défense de l'intérêt général ne fait pas échec aux droits collectifs de commerçants habilités à exercer leur profession dans des conditions régulières* ». Par l'arrêt *Juste*, la cumulation de l'intérêt général avec un intérêt sectoriel ou particulier était ainsi parfaitement concevable.

Concernant les moyens d'action, les victimes se trouvent face à deux possibilités : la saisine de la juridiction par le dépôt d'une plainte avec constitution de partie civile ou la voie de la citation directe. Contrairement à la plainte simple, un dépôt de plainte avec constitution de partie civile déclenche[213], si elle est recevable, l'action

---

[211] Pour illustration : infraction commise par un agent immobilier (Cour de cassation, Crim. 28 avr. 1977, no 75-91.574), infractions aux règles sur les lotissements (Cour de cassation, Crim. 22 nov. 1977, no 76-92.606), infractions au permis de construire (Cour de cassation, Crim. 17 janv. 1984, no 81-92.858), délit d'exercice illégal de la profession d'expert-comptable (Cour de cassation, Crim. 12 juill. 1994, no 93-84.668), délits d'importation de médicaments à usage vétérinaire et de délivrance de médicaments sans autorisation de mise sur le marché (Cour de cassation, Crim. 18 nov. 1998, no 97-85.840), modification de l'état des lieux d'un crime (Crim. 23 févr. 2000, no 99-84.448).

[212] Cour de cassation, Crim. 22 janv. 1970, no 69-90.898.

[213] « *La plainte déposée aux mains du juge d'instruction par la personne qui se dit victime d'un crime ou d'un délit lorsqu'elle est accompagnée d'une constitution de partie civile produit pour la mise*

publique. Ainsi, la constitution de partie civile diligentée directement auprès du juge d'instruction constitue un important droit reconnu aux citoyens dès lors qu'ils disposent, indépendamment de l'action du parquet, d'un véritable pouvoir pénal. Concernant précisément la plainte commune, la Cour de cassation a rappelé que « *aucun texte de loi n'interdit à un ensemble de personnes de se concerter et de poursuivre, par une même plainte, en se portant conjointement partie civile, la réparation du préjudice dont elles ont souffert* »[214]. Parallèlement, et dans l'hypothèse où l'auteur de l'infraction est connu, les victimes peuvent saisir la juridiction de jugement par la voie de la citation directe[215] en matière délictuelle et contraventionnelle (à l'exception, bien entendu, des infractions criminelles). La citation directe permet alors aux parties civiles de saisir, sans qu'une instruction ne soit diligentée, la juridiction de jugement.

Les possibilités offertes à la défense des intérêts collectifs par les règles de procédure pénale sont multiples. En effet, et au-delà de la saisine des juridictions correctionnelles et du parquet, les victimes disposent de la

---

en mouvement de l'action publique les mêmes effets qu'un réquisitoire du procureur de la République » (Cour de cassation, Crim. 8 déc. 1906, GAPP, 9e éd., 2016, no 7 ; S. 1907. 1. 377, note Demogue ; D. 1907. 1. 207, note F. T., rapp. Laurent-Athalin – adde : X. Pin, « Le centenaire de l'arrêt Laurent-Athalin », D. 2007. 1025 ; et Ph. Bonfils, « Il faut sauver la jurisprudence Laurent-Athalin », D. 2010, Point de vue. 1153).

[214] Cour de cassation, Crim. 13 juin 1972, no 72-90.091 P.

[215] Articles 388, 390 et 531 du Code de procédure pénale.

possibilité de se regrouper devant des autorités administratives indépendantes. Me Sébastien SALLES, expert des contentieux collectifs, évoque, en se montrant toutefois plutôt sceptique à la gestion des actions collectives conjointes, que « *pour le consommateur, subissant une préjudice limité du point de vue individuel, la seule solution collective viable reste le groupement de plaintes pénales et le groupement des plaintes auprès des autorités de la concurrence et de protection des consommateurs. Leur pouvoir d'enquête permet une gestion plus souple de l'action conjointe »*[216].

En pratique, on constate que le recours à la procédure pénale en matière d'action collective conjointe peut s'inscrire dans une stratégie visant à faciliter le recueil de preuves par l'ouverture d'une enquête préliminaire ou d'une instruction. C'est effectivement la stratégie privilégiée par le cabinet « *Beaubourg Avocats* » dans l'organisation de l'action collective portée dans l'intérêt de 60 plaignants se disant victimes de pratiques commerciales trompeuses et d'une surexposition aux ondes électromagnétiques[217] à la suite de manquements règlementaires reprochés au fabricant de téléphones portables « *Xiaomi* ». Une plainte simple[218] au nom des 60

---

[216] C. Andry, « *Actions collectives conjointes : un démarrage en douceur, mais prometteur* », Village de la Justice, 10 novembre 2016.
[217] Infraction de mise en danger de la vie d'autrui (articles 223-1 à 223-21 du Code pénal).
[218] Selon le Dr. M. Arazi, président de l'association « *Alert Phonegate* », mobilisée dans l'action collective :

plaignants ainsi que de l'association « *Alert Phonegate* » a d'abord été déposée, en juin 2019, auprès du pôle « santé » du Parquet de Paris dans le but qu'une enquête préliminaire soit diligentée. Malgré un solide dossier constitué de plus de 70 pages déposés entre les mains du Procureur de la République de Paris par les avocats de

---

« *Le 15 avril 2019, la première plainte pénale dans le cadre de Phonegate a été déposée devant le Procureur de la République de Paris contre le fabricant chinois de téléphones mobiles Xiaomi par Me Elias Bourran du Barreau de Paris et une action collective intentée a été lancée contre le fabricant sur la plate-forme « V pour Verdict ». Cette action concerne les téléphones mobiles Redmi Note 5 et Mi Mix 2S. Les tests de contrôle de l'Agence Nationale des Fréquences (ANFR) ont révélé que le DAS (débit d'absorption spécifique) dépassait la limite réglementaire européenne de 2,0 W/kg pour la tête dans le cas du Redmi Note 5 et pour le tronc dans le cas du Mi Mix 2S. HMD GLOBAL OY (NOKIA) – 7 modèles de téléphones mobiles Nokia : 1, 2.1, 3, 3.1, 5, 5.1, 6.1 Les 5 et 26 avril 2019, les tests de contrôle de l'ANFR ont révélé que les smartphones Nokia 5 et Nokia 3, commercialisés par HMD GLOBAL OY, dépassaient largement les limites réglementaires du DAS tronc.*
Par ailleurs, quatre nouveaux modèles de smartphones commercialisés par HMD GLOBAL OY (Nokia 1, 2.1, 3.1 et 5.1) ont été mis sur le marché à partir de juin 2018, en violation de la nouvelle réglementation européenne (Directive 2014/53/UE) qui impose depuis juin 2016, avec une période transitoire d'un an jusqu'à juin 2017, de mesurer les DAS tronc à une distance maximum de 5mm. Ces quatre modèles ont été mesurés à 15 mm du corps. La société finlandaise n'a pas non plus respecté l'obligation de fournir dans ses manuels des informations sur la valeur DAS et la distance de mesure. En juillet 2019, le Nokia 6.1 a été ajouté à l'action collective contre HMD GLOBAL OY. Xiaomi et HMD GLOBAL OY (NOKIA) sont accusés de tromperie, de pratiques commerciales trompeuses et de mise en danger de la vie d'autrui ».

« *Beaubourg Avocats* » et l'association « *Alert Phonegate* »*, et* après près d'une année d'instruction par le Ministère public, ce dernier a décidé de procéder à un classement sans suite. Ne pouvant alors pas bénéficier de l'ouverture d'une enquête préliminaire ou de la saisine du juge d'instruction par le Procureur de la République, les plaignants n'avaient pas d'autre choix que de déclencher l'action par une plainte avec constitution de partie civile devant le juge d'instruction compétent, voire, d'envisager, avec les seules preuves détenues par l'association « *Alert Phonegate* »*,* de saisir le Tribunal correctionnel par le biais d'une citation directe.

Concernant justement les associations, on rappellera que par dérogation à l'article 2 du Code de procédure pénale, les associations sont autorisées à exercer, à l'encontre des auteurs de certaines infractions, les droits reconnus à la partie civile si elles disposent d'un agrément[219] prévu par la loi. En dehors de l'hypothèse où l'association apporte des éléments permettant de considérer qu'elle a pu subir un préjudice présentant un caractère direct et personnel, autre que l'atteinte portée aux intérêts collectifs qu'elle a pour mission de défendre, « *une association ne peut exercer les droits reconnus à la partie civile en vue de la réparation d'un préjudice porté à un intérêt collectif que dans les conditions prévues par les articles 2-1 et suivants du Code de procédure pénale* »[220].

---

[219] Cour de cassation, Crim. 26 mai 1992, no 89-83.536 P.
[220] Cour de cassation, Crim. 7 septembre 2021, no 19-87.031 B: AJ pénal 2021. 469, obs. Lasserre Capdeville.

Ces dernières prévoient que les associations régulièrement déclarées depuis au moins cinq ans et dont l'objet statutaire comporte la lutte contre les infractions exhaustivement prévues dans les articles 2-1 à 2-25 du Code de procédure pénale, peuvent exercer les droits reconnus à la partie civile. A cet égard, on se rapportera au cas de l'association « *Alert Phonegate* » précitée. Aux termes de l'article 2-8 du Code de procédure pénale, lorsque l'association est déclarée depuis au moins cinq ans et que l'action publique a été mise en mouvement par le ministère public ou la partie lésée, l'association pourra exercer les droits reconnus à la partie civile en ce qui concernent, entre autres, les atteintes à l'intégrité physique ou psychique. Ainsi, nous pourrions imaginer une action de l'association « *Alert Phonegate* » en faveur des parties civiles. Or, en l'espèce, l'association n'était déclarée que depuis le 10 mars 2018, de sorte qu'elle ne remplissait pas, au jour du dépôt de la plainte, courant 2019, les conditions exigées par le Code de procédure pénale. L'association ne pouvait alors se prévaloir uniquement de l'atteinte portée aux intérêts collectifs qu'elle a pour mission de défendre. De ce fait, chacune des 60 victimes présumées étaient, d'un point de vue procédural, parties au même titre que l'association, dont toutes ont été représentées par le même avocat, Me Elias BOURRAN, associé du cabinet « *Beaubourg Avocats* ».

B – Les risques inhérents au déclenchement collectif de l'action publique

En matière pénale aussi, les risques directement liés à une action collective sont à relativiser.

Dans le cadre d'une plainte simple, déposée conjointement par plusieurs personnes auprès du Procureur de la République, il ne ressort pas de risque particulier si ce n'est celui de voir sa situation liée par des éléments de fait versés par les co-plaignants. Ainsi, le succès de la plainte déposée par les 60 plaignants à l'encontre du fabricant *« Xiaomi »* dépendait, quasi exclusivement, des considérations en droit et en fait apportés par leur co-plaignant, à savoir, l'association *« Alert Phonegate »*.

Il en va de même en matière de plainte avec constitution collective de partie civile devant le juge d'instruction, où, en tout état de cause, l'irrecevabilité de la constitution de partie civile portée devant le juge d'instruction *« ne saurait atteindre l'action publique, laquelle subsiste tout entière et prend sa source exclusivement dans les réquisitions du ministère public »*[221]. Ainsi, l'irrecevabilité de la constitution de partie de l'un des plaignants ne saurait nullement mettre en échec l'action publique vis-à-vis de toute autre victime à l'infraction concernée. Dès lors, le véritable risque pour les parties civiles réside plutôt dans les dispositions de

---

[221] *Ibdem.*

l'article 88 du Code de procédure pénale conditionnant leur constitution de partie civile au dépôt d'une consignation. Toutefois, les textes sont clairs et la jurisprudence constante en ce que le montant de la consignation est fixé est fonction de la situation financière de chacun des plaignants, le juge d'instruction pouvant, par ailleurs, dispenser certaines d'une telle obligation, voire en être contraints si une partie est éligible à l'aide juridictionnelle[222]. Cette consignation a pour objet de garantir[223] le paiement éventuel d'une amende civile pouvant être ordonnée si l'on considère que la constitution de partie civile est abusive[224] ou dilatoire. L'on constate alors que les principaux risques liés à un dépôt de plainte avec constitution de partie civile sont indépendants du caractère collectif de la plainte.

Concernant la voie de la citation directe, la jurisprudence est clémente. Leur recevabilité est effectivement appréciée, individuellement, au regard des exigences de l'article 551[225] du Code de procédure pénale.

---

[222] La partie civile est dispensée de toute consignation lorsqu'elle a obtenu l'aide juridictionnelle, que celle-ci soit totale ou partielle : Cour de cassation, Crim. 30 novembre 1999, no 99-84.100 P.

[223] Article 88-1 du Code de procédure pénale.

[224] Article 177-2 du Code de procédure pénale.

[225] Article 551 du Code de procédure pénale : « *la citation est délivrée à la requête du ministère public, de la partie civile, et de toute administration qui y est légalement habilitée. L'huissier doit déférer sans délai à leur réquisition. La citation énonce le fait poursuivi et vise le texte de loi qui le réprime. Elle indique le tribunal saisi, le lieu, l'heure et la date de l'audience, et précise la qualité de prévenu, de civilement responsable, ou de témoin de la personne citée. Si elle est*

La Cour de cassation a effectivement érigé le principe selon lequel, *« en cas de pluralité de parties civiles, la nullité d'une citation commune délivrée au prévenu ne peut avoir d'effet qu'à l'égard de celle desdites parties civiles qui est l'auteur de l'irrégularité constatée »*[226]. Ainsi, et indépendamment de l'unicité de la citation directe, un co-plaignant ne saurait être lésé par les irrégularités d'un acte de procédure dont il n'est pas l'auteur.

***

---

délivrée à la requête de la partie civile, elle mentionne, s'il s'agit d'une personne physique, ses nom, prénoms, profession et domicile réel ou élu et, s'il s'agit d'une personne morale, sa forme, sa dénomination, son siège social et l'organe qui la représente légalement. La citation délivrée à un témoin doit en outre mentionner que la non-comparution, le refus de témoigner et le faux témoignage sont punis par la loi ».

[226] Cour de cassation, Crim. 14 novembre 1989, no 86-92.599 P.

Titre II – La diversité des pratiques de l'action collective conjointe

En pratique, la réception des actions collectives conjointes par les juridictions est encore relativement maîtrisée par greffiers et magistrats **(Chapitre 1)**.

Toutefois, les risques pour les justiciables d'un tel mode d'action a renforcé le développement de pratiques alternatives **(Chapitre 2)**.

Chapitre 1 – Une réception par les juridictions encore maîtrisée

Malgré la charge logistique que représentent les actions collectives conjointes, leur gestion et instruction sont encore maitrisées par les greffiers **(Section 1)** et les magistrats **(Section 2)**, lesquels s'appuient sur les diligences pouvant être accomplies par les avocats.

Section 1 – La réception des actions collectives conjointes par le greffe

Face à la réalité de l'engorgement des services de greffe judiciaires engendré par certaines actions collectives conjointes **(A)**, les avocats se montrent coopératifs et diligents vis-à-vis des juridictions **(B)**.

A – *Le risque d'engorgement des services de greffe pour l'instruction des actes de procédure conjoints*

Madame Françoise KAMARA, doyen de la première chambre civile de la Cour de cassation nous l'a averti : « *il y a un risque d'engorgement des tribunaux si les actions collectives conjointes se développent sans moyens supplémentaires* »[227]. Et pour cause, si le juge dispose de la possibilité d'ordonner une jonction d'instance, il est tenu d'individualiser chaque situation afin d'apprécier la recevabilité de l'action de chaque demandeur et le bien-fondé de leurs prétentions. Les tribunaux se doivent alors de procéder à une appréciation individualisée des questions de forme et de fond[228]. Et ce, y compris en présence d'un « *titre commun* » et, par conséquent, d'une action conjointement introduite au sein d'une même juridiction sur le fondement de l'article 36 du Code de procédure civile.

Ces exigences procédurales placent les services de greffe des juridictions en première ligne dans l'absorption de la charge engendrée par les actions collectives conjointes. Deux exemples illustrent parfaitement ces difficultés : l'action « *Remboursement des abonnements*

---

[227] P. Gosselin et L. Vichnievsky, « *Rapport d'information sur le bilan et les perspectives des actions de groupe* », n° 3085, enregistré à la Présidence de l'Assemblée nationale le 11 juin 2020, page 27.
[228] Cour de Cassation, Chambre civile 2, du 29 avril 1997, 95-11.551, Publié au bulletin.

« Canal+ » et *« beIN Sports »* d'une part, et l'action *« On attaque Amazon en justice »*, d'autre part.

La première a été portée par Me Vincent DURAND (Barreau de Lyon) et Me Pierre-Henri JULLIARD (Barreau de Paris) au profit d'un millier d'abonnés des diffuseurs *« Canal+ »* et *« beIN Sports »*. Ces derniers visaient l'obtention d'une compensation ou d'un remboursement de leurs abonnements à la suite de l'interruption définitive de la saison 2019-2020 de Ligue 1 et Ligue 2 de Football dans le cadre de la pandémie de coronavirus. Alors que, selon les demandeurs, les diffuseurs ont refusé de solder les droits audiovisuels dus aux clubs de football en négociant leur montant fortement à la baisse, aucune compensation n'a en revanche été proposée aux abonnés[229]. Sur le fondement de l'inexécution partielle d'un contrat, encadrée par l'article 1217 du Code civil, les avocats des abonnés sollicitaient, au profit de leurs 1200 clients, le remboursement du montant des abonnements pour les mois de mars, avril et mai 2020. Des premières négociations amiables ont été entreprises par les parties à la suite d'une lettre de mise en demeure de remboursement adressée aux deux diffuseurs. Mais ces négociations amiables n'ont pas abouti à un accord. La proposition du diffuseur *« Canal+ »* d'offrir, en compensation, une réduction de 25% du prix de

---

[229] H. Mokambi, « Remboursement des abonnements Canal+ et BeIN Sports : le point avec Me Vincent Durand », https://vpourverdict.com/des-abonnes-reclament-le-remboursement-de-leurs-abonnements/, 17 juin 2020.

l'abonnement pendant trois mois aux abonnés qui en feraient[230] la demande n'a pas été accueillie favorablement par la majorité des abonnés. Leurs avocats ont alors décidé d'assigner les diffuseurs devant le Tribunal judiciaire de Nanterre. De ce fait, une assignation au nom de 1200 demandeurs était enrôlée au greffe de la juridiction de Nanterre, laquelle était accompagnée de la copie, sous forme dématérialisée, d'un millier de documents justifiant des contrats d'abonnements des demandeurs pour la période en cause, et donc de l'intérêt à agir de chacun des demandeurs à l'action collective. De toute évidence, le traitement de ces documents par le greffe judiciaire de Nanterre représentait une charge non négligeable. L'épilogue étant marqué par la demande d'une transaction amiable à l'initiative du juge.

Quant à l'action *« On attaque Amazon en justice »*, déjà évoqué, on notera que le groupe *« Amazon »*, dont la responsabilité civile délictuelle était en cause, a explicitement refusé de prendre part à une procédure participative par avocat[231] proposée par Me Elisabeth GELOT. Ainsi, l'avocate était contrainte d'enrôler, devant le même Tribunal judiciaire de Nanterre, l'assignation

---

[230] QC, *« L'avocat des abonnés de Canal et Bein menace de saisir la justice »*, So Foot, 23 juin 2020.
[231] Procédure créée par la loi n° 2010-1609 du 22 décembre 2010 dite loi Béteille et le décret n° 2012-66 du 20 janvier 2012 relatif à la résolution amiable des différends modifiés par la loi n°2016-1547 du 18 novembre 2016 et le décret n°2019-1333 du 11 décembre 2019, dont les dispositions sont codifiées aux articles 2062 à 2068 du Code civil et 1542 à 1567 du Code de procédure civile.

conjointe au nom et pour le compte de plus de 533 demandeurs. Ces copies d'assignations étaient toutes accompagnées d'un bordereau de communication de pièces constitué de pas moins de 2.000 documents dont les copies des avis d'imposition des demandeurs leur permettant de démontrer leur intérêt individuel à agir à l'action collective, ainsi que les éléments de preuve visant à démontrer l'existence d'un « *préjudice de solidarité* » personnel et direct dont ils sollicitaient la reconnaissance. Dans cette affaire, les greffiers ont aussi été contraints de procéder au traitement de chacune des pièces versées aux débats. En effet, la plateforme « RPVA » (Réseau Privé Virtuel des Avocats) ne supporte pas la saisine d'un nombre si important de données pour une seule et unique procédure, de sorte qu'il revient aux greffiers de saisir, manuellement, les informations pour chaque demandeur à partir d'un fichier type *Excel*.

Il résulte ainsi, qu'alors même que, dans le cadre d'une action collective conjointe, l'acte introductif d'instance est unique, le traitement des pièces versées en appui des prétentions des demandeurs représente une lourde tâche pour les services de greffe des juridictions saisies.

Les répercussions pratiques du risque d'engorgement des tribunaux par le développement non maîtrisé des actions collectives conjointes ressortent également de la communication que les greffes peuvent être menés à entretenir avec le groupe de demandeurs. Il s'agit par exemple des obligations à la charge des greffes de notifier aux parties certains actes de procédures, notamment les décisions de justice. En matière civile par exemple, l'article 677 du Code de procédure civile prévoit que *« les jugements sont notifiés aux parties elles-mêmes »*. Sur ce point, la jurisprudence est claire sur le fait que *« n'est pas régulière la signification seulement faite au domicile du mandataire des parties et non aux parties elles-mêmes[232] »*. Par ailleurs, lorsqu'une décision est opposable à l'égard de plusieurs personnes, sa notification doit être faite, séparément, à chacune d'elles. C'est la raison pour laquelle *« les délais d'appel ne courent pas contre des époux dont l'un seulement a signé la notification qui leur était faite conjointement par l'envoi d'un pli unique »[233]*. Enfin, la Cour de cassation considère que lorsque l'avocat représente plusieurs parties ayant des intérêts distincts et que la signification du jugement à l'avocat fait courir le délai d'appel, cette signification doit être faite en autant de copies que de parties représentées[234], y compris dans le cadre d'une instance où la représentation par avocat est obligatoire. C'est pourquoi, dans le cadre de l'action collective *« On attaque Amazon en justice »*, le greffe du Tribunal judiciaire de Nanterre a été contraint de

---

[232] Cour de cassation, Civ. 2e, 16 avr. 1988 : Bull. civ. II, no 81 ; Civ. 2e, 2 févr. 2012 : BICC 15 mai 2012, no 690 ; D. 2012. Actu. 510 ; Dr. et pr. 2012. 101, note Douchy-Oudot. – Comp. : ; Civ. 2e, 17 mars 1986 : JCP 1987. II. 20794, note Petit.

[233] Cour de cassation, Civ. 2e, 8 juin 1995, no 93-19.339 P : D. 1995. IR 165 ; Justices 1996, no 3, p. 364, obs. Héron. Dans le même sens, V. ; Civ. 2e, 11 oct. 1995, no 92-18.799 P ; 31 mai 2001 : Procédures 2001, no 192, note Perrot.

[234] Cour de cassation, 2e civ., 25 mars 1987.

notifier l'ordonnance du juge de la mise en état à chaque partie à l'instance. Ainsi, plus de 500 lettres recommandées avec accusé de réception ont dû être préparées et envoyées aux demandeurs, ce qui interroge, au demeurant, sur le coût pour l'administration judiciaire qui peut représenter la gestion des actions collectives conjointes.

B – L'indispensable collaboration des avocats avec les services de greffe

Face à la masse de documents et d'actes procéduraux pouvant être générés par une action collective conjointe, les avocats se montrent plutôt coopératifs. D'abord, parce que les avocats sont, avant tout, des auxiliaires de justice[235]. Il leur incombe ainsi la mission de contribuer à la bonne administration de la justice. On rappellera donc que, sur les avocats qui privilégient la voie de l'action collective pèsent des obligations légales, déontologiques et morales de faciliter le travail des greffiers et des magistrats saisis de leurs affaires.

Ensuite, de la collaboration de l'avocat avec les services de greffe judiciaires peut dépendre la réussite de l'action collective. En effet, les magistrats chargés de l'instruction d'une action collective sont tenus d'apprécier la régularité de la communication des conclusions et des

---

[235] Article 3 de la Loi n° 71-1130 du 31 décembre 1971 portant réforme de certaines professions judiciaires et juridiques.

pièces, ainsi que du caractère parfaitement contradictoire de ces dernières. Il va donc de l'intérêt de chaque client de l'avocat de coopérer avec la juridiction saisie de son affaire.

En contentieux administratif par exemple, *« lorsque les parties joignent des pièces à l'appui de leurs requêtes et mémoires, elles en établissent simultanément un inventaire détaillé. Sauf lorsque leur nombre, leur volume ou leurs caractéristiques y font obstacle, ces pièces sont accompagnées d'une copie. Ces obligations sont prescrites aux parties sous peine de voir leurs pièces écartées des débats après invitation à régulariser non suivie d'effet »*[236]. Ainsi, dans le cadre d'une requête collective, le juge administratif peut écarter les pièces si celles-ci ne sont pas présentées dans un inventaire détaillé. Cet inventaire doit s'entendre comme un support de présentation exhaustive des pièces indiquant un numéro dans un ordre continu et croissant ainsi qu'un libellé suffisamment explicite[237].

En procédure civile, aucune décision ne peut être prise sur le fondement d'une pièce produite *« alors qu'il ne ressort ni de la décision elle-même, ni du dossier de la procédure qu'elle ait été communiquée à la partie adverse ou que celle-ci ait eu connaissance de sa production »*[238].

---

[236] Article R. 412-2 du Code de justice administrative.
[237] Conseil d'Etat, 5 oct. 2018, Sergent et a., n° 418233.
[238] Cour de cassation, Civ. 2e, 25 nov. 1981 : D. 1982. 371, note Bénabent ; RTD civ. 1982. 653, obs. Perrot. Dans le même sens : Cour

Dans le même sens, lorsque la pièce sur laquelle le juge s'est fondé n'est pas visée dans les conclusions et qu'il n'apparaît ni de l'arrêt, ni du bordereau de communication qu'elle a été l'objet d'un débat contradictoire »[239]. Toujours en matière judiciaire, la production d'un bordereau de pièces suffisamment clair garantit pour les demandeur le respect des exigences relatives au principe du contradictoire, et donc de la recevabilité de leurs pièces probantes.

Pour l'avocat chargé d'une action collective conjointe, soigner la présentation de son bordereau de communication des pièces est une étape incontournable. L'importance d'une pièce probante n'est justement plus à prouver. D'une part, et spécifiquement dans le cadre d'une action collective conjointe, une seule pièce, produite par l'un des codemandeurs, peut parfois suffire à démontrer le manquement reproché à la partie adverse, et donc servir à l'intérêt collectif des demandeurs. D'autre part, toute action collective suppose la démonstration, pour chaque demandeur, d'un intérêt à agir individuel, personnel et direct. De la conformité de la présentation du bordereau de communication des pièces avec les exigences procédurales dépend la recevabilité de l'action de chaque justiciable. C'est la raison pour laquelle Me Elisabeth

---

de cassation, Civ. 2e, 22 mars 1995, no 93-10.599 P ; 8 avr. 2004, no 02-18.769 P.

[239] Cour de cassation, Civ. 2e, 14 nov. 1984 : RTD civ. 1985. 446, obs. Perrot ; 4 févr. 1987 : Bull. civ. II, no 37 ; Com. 5 juill. 1994, no 92-16.587 P. V. notes 16 à 18 ss. art. 16.

GELOT, avec le soutien des services techniques de *« V pour Verdict »,* est allée jusqu'à développer un outil technologique spécifiquement dédié à la nomination automatique des pièces produites dans le cadre de l'action *« On attaque Amazon en justice »*. Cet outil lui a permis d'éditer un bordereau de communication de pièces reprenant le numéro, la nature et le nom de chaque pièce produite par les demandeurs. Les pièces étaient automatiques associées aux noms des demandeurs dans le but de faciliter le traitement par le greffe du Tribunal judiciaire de Nanterre. De même, l'avocate a mis à disposition du greffier en charge de l'affaire un fichier type *Excel* contenant le détail de l'ensemble des mentions obligatoires exigées par les articles 54 et 648 du Code de procédure civile. On rappellera par ailleurs qu'une telle démarche n'a pas été en inutile en ce que, justement, les avocats du groupe *« Amazon »* ont sollicité au juge de la mise en état de retenir la nullité des assignations car les mentions requises par les dispositions précitées, relatives à la nationalité, au lieu de naissance et à la profession de 63 des 533 demandeurs ont fait défaut.

Section 2 – La nécessaire prise en compte des situations individuelles

Dans le cadre de l'instruction d'une action collective conjointe, les magistrats sont tenus d'apprécier la situation individuelle de chacun des justiciables **(A)**.

Pour adapter leurs conclusions à une telle exigence, les avocats « spécialisés » dans l'action collective ont développé une technique de constitution de sous-groupes de justiciables au sein d'une même et unique action collective **(B)**.

A – L'exigence d'individualisation des situations au sein d'une action collective conjointe

Le système juridique français se distingue par une conception strictement individualiste de l'action en justice[240], de sorte que la capacité d'agir appartient personnellement à celui qui a intérêt à agir. L'action collective conjointe, dont le but est de rassembler[241] des actions individuelles et similaires afin de faire le poids face aux grandes entreprises, s'inscrit naturellement dans ce même paradigme. Ainsi, le juge saisi d'une action

---

[240] L. Béteille et R. Yung, Rapport d'information n° 499 (2009-2010) fait au nom de la commission des lois, déposé le 26 mai 2010 : « L'action de groupe à la française : parachever la protection des consommateurs ».

[241] C. Andry, « Actions collectives conjointes : un démarrage en douceur, mais prometteur », 30 décembre 2021.

collective conjointe sera tenu d'apprécier, individuellement, et à l'égard de chacun des justiciables, la validité de leurs actes de procédure, les conditions de recevabilité de leur action, ou encore l'existence de leurs droits substantiels.

Concernant les actes de procédure, on a relevé qu'en procédure civile, les actes accomplis par l'un des coïntéressés ne peuvent nuire aux autres, de sorte que l'irrecevabilité des « *conclusions prises au nom d'une partie n'entraîne pas l'irrecevabilité des conclusions prises dans le même acte au nom d'une autre partie* »[242]. Dans le même sens, la jurisprudence judiciaire est constante en ce que, s'agissant d'une assignation, « *le défaut de capacité de l'une des parties au nom desquelles est délivré un acte n'affecte pas la validité de celui-ci à l'égard des autres parties au nom desquelles l'acte est régulièrement délivré* »[243]. En procédure pénale, on a pu constater une individualisation évidente de la validité des actes de procédure. On réitèrera, par exemple, qu'« *en cas de pluralité de parties civiles, la nullité d'une citation commune délivrée au prévenu ne peut avoir d'effet qu'à l'égard de celle desdites parties civiles qui est l'auteur de l'irrégularité constatée* »[244]. En contentieux administratif en revanche, on retiendra une plus grande interdépendance

---

[242] Cour de cassation, Civ. 2e, 19 févr. 2009, no 08-12.144 P : D. 2009. AJ 637 ; Procédures 2009, no 133, note Perrot.
[243] Cour de cassation, Civ. 2e, 25 févr. 2010 : Dr. et pr. 2010. 177, obs. Vinckel.
[244] Cour de cassation, Crim. 14 novembre 1989, no 86-92.599 P.

entre les requérants puisque le défaut de diligence de celui qui est désigné comme *« représentant »* d'une requête collective peut entraîner d'importantes conséquences sur la recevabilité des actes susceptibles d'être produits par les autres requérants. A titre indicatif, nous avons vu que la notification d'une décision de première instance au seul requérant désigné comme étant *« représentant »* de la requête collective est, au regard des dispositions de l'article R. 751-3 du Code de justice administrative, précitées, opposable à tous les requérants. En conséquence, la notification du jugement au *« représentant »* fait courir les délais de recours à l'égard de tous les cointéressés. Ainsi, dans l'hypothèse où le *« représentant »* manquerait d'informer son co-requérant à temps, une requête d'appel déposée par ce dernier après l'expiration des délais prévus pourrait être déclarée irrecevable, quand bien même l'appelant ne s'est pas vu notifier directement le jugement de première instance. Mais, toujours est-il, y compris en contentieux administratif, que les conditions de recevabilité d'un acte de procédure seront appréciées individuellement à l'égard de chaque partie à une requête collective.

Quant aux conditions de recevabilité de l'action en tant que telle, le juge veillera au respect des exigences d'appréciation au cas par cas. Et ce, quel que soit le nombre de justiciables rassemblés au sein d'une même et unique instance. C'est d'abord à l'intérêt et à la qualité à agir de chacun des membres d'une action collective qu'il convient d'apporter une attention toute particulière.

Indépendamment du nombre de demandeurs à une action conjointe, les avocats devront justifier, par la production d'éléments factuels, de la réalité de l'intérêt personnel et individuel de chacun de leurs clients. L'action collective « *On attaque Amazon en justice* » illustre, une fois de plus, une telle exigence. On rappellera qu'il s'agissait pour les demandeurs à cette action de faire valoir la reconnaissance d'un nouveau « *préjudice de solidarité* », qu'ils définissent selon les termes suivants : « *le préjudice de solidarité constitue une forme de souffrance morale découlant d'un sentiment d'inégalité de la part des contribuables qui ne recourent pas à l'évasion fiscale et ne peuvent échapper à l'impôt »*[245]. Ainsi, chacun des 533 demandeurs à l'action a produit les documents justificatifs permettant, d'une part, de justifier de leur qualité de contribuable français, et, d'autre part, de la réalité de leur préjudice moral. L'avocate en charge de l'action a alors versé aux débats la photocopie de l'avis d'imposition de chacun de ses clients, ainsi que les éléments de preuve du préjudice moral allégué. On notera alors l'effort déployé par les demandeurs pour démontrer, individuellement, leur intérêt à agir à l'action. Mais par une ordonnance de rejet du juge de la mise en état, les caractères direct et personnel de l'intérêt à agir des demandeurs ont néanmoins été remis en cause en ces termes : « *l'intérêt lésé, y compris dans sa dimension morale, est alors celui de tout contribuable français, de la collectivité des citoyens assujettis au*

---

[245] Tribunal judiciaire de Nanterre, 1ère Chambre, ordonnance de mise en état, 12 mai 2022, n° 21/06287.

paiement de l'impôt, soit en réalité et d'abord, de l'Etat qui le perçoit et en assure la redistribution : l'intérêt à agir des personnes physiques n'est ni direct ni personnel ».

Pour un autre exemple parlant, en matière de contentieux administratif cette fois, on se rapportera à l'action *« Presqu'île en colère »*, par laquelle de centaines d'habitants du 2ème arrondissement lyonnais ont, face à l'augmentation des actes d'incivilité et d'insécurité dans leurs quartiers, saisi le Tribunal administratif de Lyon afin d'engager la responsabilité administrative de la Ville de Lyon et de la Préfecture du Rhône. Dans ce cadre, ils sollicitaient, dans un recours de plein contentieux, l'indemnisation de leurs préjudices moraux. Dans cette action, l'intérêt à agir des requérants a été identifié par l'avocat des requérants comme étant le lieu de résidence habituelle et continue dans la zone géographique concernée par les faits allégués. Dès lors, chaque requérant a produit, pour faire valoir leur intérêt à agir personnel et direct, plusieurs justificatifs de domicile.

Quant au dédommagement des justiciables, le juge ne peut échapper à l'application du principe de réparation intégrale des préjudices, en vertu duquel le responsable d'un dommage doit indemniser tout le dommage, mais uniquement le dommage, sans qu'il n'en résulte ni appauvrissement, ni enrichissement de la victime. Un tel principe implique une obligation pour le juge de s'efforcer à rétablir la victime dans une situation identique à celle dans laquelle elle se trouverait en l'absence de la faute commise par le responsable[246]. Partant, il incombe au juge saisi d'une action collective conjointe de veiller à ce que les préjudices, qui sont directement et personnellement subis par chacun des demandeurs, soient intégralement et justement réparés si la responsabilité de la partie adverse est retenue. Sur ce point, on soulignera l'action collective portée par Me Christophe LEGUEVAQUES ayant abouti à la condamnation des laboratoires « Merck » à la réparation d'un préjudice moral identique pour plus de 3.000 victimes, à hauteur de 1.000 euros pour chacune d'entre elles. Par son arrêt[247] en date du 25 juin 2020, la Cour d'appel de Lyon a retenu la responsabilité civile des sociétés « SAS Merck Serono » et « SAS Merck Santé ». En n'informant pas les usagers du médicament Levothyrox du changement de sa formule par des mentions clairement lisibles sur l'emballage et la notice du produit, ces sociétés ont commis une faute au sens de l'article 1240 du Code civil. Cela étant établi, il revenait donc au juge d'appel lyonnais d'apprécier la demande d'indemnisation des préjudice moraux sollicitée par plus de 3.000 victimes. Ces dernières ont effectivement fait le choix de demander, par cette action collective, la réparation d'un seul préjudice moral, à l'exclusion des préjudices corporels potentiellement subis. Les victimes sollicitaient alors,

---

[246] Cour de Cassation, 2ème Civ, 28 octobre 1954, J.C.P. 1955, II, 8765 : « Le propre de la responsabilité civile est de rétablir aussi exactement que possible l'équilibre détruit par le dommage, et de replacer la victime dans la situation où elle se serait trouvée si l'acte dommageable ne s'était pas produit ».
[247] Cour d'appel de Lyon, 6e ch., 25 juin 2020, n° 19/02438.

pour la réparation de leurs préjudices moraux, une indemnisation à hauteur de 10.000 euros pour chaque appelant. Le juge a ainsi procédé à une appréciation des demandes de dédommagement en trois étapes : d'abord, il a tranché, à l'égard de chacun des appelants, la nature de leur préjudice, puis, la preuve de leur préjudice et, enfin, l'indemnisation desdits préjudices.

Sur le premier point, les laboratoires « *Merck* » s'appuyaient justement sur la nécessité pour le juge, pour statuer sur le préjudice de chacune des victimes, de procéder à des expertises individuelles afin d'établir, au cas par cas, l'éventuel lien entre le changement de formule du *Levothyrox* et les troubles ressentis par les patients. La Cour d'appel de Lyon n'a pas estimé nécessaire de procéder à de telles expertises individuelles et retenu l'existence d'un préjudice moral directement causé par la faute des sociétés intimées. Mais avant de statuer en ce sens, la Cour s'est attardée sur le lien entre les troubles subis par les victimes et le changement de formule litigieux du médicament. Il a ainsi été considéré qu'« *après la prise du Levothyrox nouvelle formule, [chaque appelant] a ressenti divers effets qu'il rapporte au changement de médicament* ». La Cour reconnaît toutefois que « *pour bon nombre d'autres patients, le lien reste à établir médicalement, si les troubles se sont résorbés sans changement de médicament ou, au contraire, ont persisté malgré une nouvelle prescription* ». Mais, selon la Cour d'appel de Lyon, « *il importe pourtant peu de les distinguer dans la mesure où la Cour, qui ne statue pas sur le préjudice corporel des intéressés, se prononce sur un préjudice moral découlant d'une situation objective commune à tous les patients, à savoir qu'ils ont absorbé un médicament modifié sans en être informés préalablement et, avec l'apparition des troubles, se sont trouvés désemparés, privés de cet élément d'information déterminant pour y faire face, qu'il faille établir ou écarter le lien entre le changement de formule et les troubles subis ».* On notera ici que la Cour a procédé à un exercice innovant en matière d'indemnisation individuelle des préjudices. C'est effectivement en faisant preuve de souplesse jurisprudentielle que les juges d'appel ont reconnu une *« situation objective commune à tous les patients »* fondée toutefois sur les éléments de preuve fournis par chacun des appelants.

Sur ce deuxième point justement, à savoir, la preuve du préjudice de chaque victime à l'action collective, une individualisation de l'instruction semble bel et bien avoir été effectuée par les juges. Si, en considérant que les préjudices des victimes résultaient d'une *« situation objective commune à tous les patients »*, la Cour facilitait largement la tâche du conseil des appelants, il n'en demeure pas moins que ces derniers devaient justifier, individuellement, qu'ils s'inscrivaient dans cette situation commune. C'est pourquoi la Cour a rappelé qu'il *« appartient encore à chacun des appelants de démontrer qu'il a pris le Levothyrox nouvelle formule à la suite de l'ancienne ».* C'est donc par le versement de certificats médicaux, d'ordonnances médicales ou des rapports d'analyses montrant qu'ils étaient médicalement suivis avant et après l'apparition de la nouvelle formule, que les appelants ont été amenés à justifier leurs préjudices.

Sur le dernier point, concernant l'indemnisation des préjudices, la Cour a conclu à un dédommagement identique pour tous les appelants, à hauteur de 1.000 euros. A cet égard, on soulignera deux points importants qui ressortent de la motivation de la Cour d'appel de Lyon. D'abord, la Cour a tenu à rappeler qu'il ne lui revenait pas de « *statuer sur le préjudice corporel des victimes* » mais uniquement sur le préjudice moral causé par la faute des laboratoires. Ensuite, la Cour apporte une précision essentielle en la matière : le montant du préjudice indemnisable doit « *correspondre à la juste réparation du préjudice* ». C'est la raison pour laquelle, au cas d'espèce, la Cour a poursuivi en ce sens : « *contrairement à ce que les appelants soutiennent, elle ne peut pas, de principe, être symbolique ni 'forfaitaire et égalitaire' même si, de fait, elle peut être identique pour chaque victime à défaut d'éléments du dossier de nature à caractériser un préjudice moral plus important qu'un autre* ».

Au sujet de cette affaire, symbolique en matière d'action collective conjointe, on notera que les laboratoires « *Merck* » se sont pourvus en cassation. Parmi les trois moyens soulevés, les laboratoires demandaient la cassation de l'arrêt de la Cour d'appel de Lyon en vertu des exigences en matière d'individualisation des préjudices en ce « *qu'en accordant cependant à tous les demandeurs la réparation d'un préjudice moral consécutif à un défaut d'information relatif au changement de formule du Levothyrox, sans constater que chacun d'entre eux aurait ressenti des troubles correspondant à la réalisation de risques dus au changement de formule et n'ayant pas été révélés, la cour d'appel a privé sa décision de base légale au regard de l'article 1240 du code civil ».* Toutefois, la Cour de cassation a succinctement confirmé[248] l'arrêt de la Cour d'appel de Lyon en considérant qu'elle a au contraire *« fait ressortir que ce préjudice avait été effectivement éprouvé par chacun des requérants et était imputable au défaut d'information sur la modification de l'excipient, la cour d'appel a pu en mettre la réparation à la charge des sociétés Merck ».*

Enfin, l'individualisation de l'instruction d'un contentieux conjoint s'impose également dans l'appréciation par le juge de l'existence des droits substantiels revendiqués par les parties. En conséquence, l'exigence d'individualisation de l'instruction des litiges s'invite dans les délibérés, de sorte qu'un même jugement ne s'impose pas mécaniquement à toutes les parties de manière identique. Le juge ne se heurte en effet à aucun obstacle pour distinguer sa décision en fonction des droits substantiels des parties et de la particularité de chaque situation que lui est soumise. On notera par exemple qu'un même jugement peut être mixte à l'égard de certaines

---

[248] Audience publique du 16 mars 2022, Rejet, M. CHAUVIN, président, Arrêt n° 255 FS-B, Pourvois n° 20-19.786 et suivants.

parties et seulement avant-dire droit à l'égard des autres[249]. C'est ainsi qu'ont procédé les juges de la Cour d'appel de Bordeaux, par un arrêt[250] en date du 17 novembre 2020, dans le cadre d'une action collective conjointe. Près de 200 demandeurs avaient saisi le juge des référés du Tribunal de grande instance de Bordeaux pour s'opposer à l'installation d'un compte électrique « *Linky* » ou en demander le retrait. Par une ordonnance de référé en date du 23 avril 2019, le juge des référés, après avoir ordonné la jonction des procédures, a débouté la majorité des demandeurs, à l'exception d'une dizaine d'entre eux, qui ont, au contraire, bénéficié d'une injonction, faite à la société « *Enedis* », « *d'installer à leurs points de livraison d'énergie un dispositif de filtre les protégeant contre les champs électromagnétiques générés par la bande CPL associée au compteur Linky* ». La société « *Enedis* » et les demandeurs déboutés ont relevé d'appel de cette ordonnance, laquelle a ensuite été confirmée par la Cour d'appel de Bordeaux. Dans le même sens, l'arrêt précité a procédé à une importante distinction entre un même groupe de justiciables. D'une part, la majorité des opposants au compteur « *Linky* », dont toutes les prétentions avaient une nouvelle fois été rejetées. D'autre part, les opposants ayant bénéficié d'une injonction

---

[249] Cour de cassation, Civ. 2e, 24 mai 1984 : Bull. civ. II, no 91 ; D. 1985. IR 261, obs. Julien ; RTD civ. 1985. 216, obs. Perrot. V. note 4 ss. art. 272.

[250] Cour d'appel de Bordeaux, Première chambre civile, 17 novembre 2020, (Rédacteur : Béatrice PA TRIE, présidente), n° RG 19/02419 - n° Portalis DBVJ-V-B7D-K75N.

d'installation d'un dispositif protecteur à leur profit, ainsi que de la condamnation de la société *« Enedis »* au paiement de 100 euros à chacun d'entre eux par application des dispositions de l'article 700 du Code de procédure civile. Cette différence de traitement s'explique par la spécificité de la situation des demandeurs. Tel qu'il a été relevé par la Cour d'appel de Bordeaux, l'ordonnance n'est effectivement favorable qu'à l'encontre des *« personnes souffrant d'électrohypersensibilité »* et qui *« démontrent, par la production de certificats médicaux précis et détaillés le dommage imminent constitué par les troubles auxquels elles sont exposées en raison des champs provoqués par le Courant Porteur en Ligne par lequel le compteur communique les données qu'il a collectées »*.

B – Les pratiques de constitution de sous-groupes au sein d'un collectif de justiciables

Nous l'avons compris : si le juge dispose, pour une bonne administration de la justice, de la possibilité de joindre une instance, ce dernier peut également ordonner, notamment en contentieux administratif et judiciaire, la disjonction d'une instance en l'absence de « *lien suffisant* »[251] d'une requête collective ou de « *lien de connexité* »[252] entre les demandeurs devant une juridiction judiciaire.

Or, la disjonction d'une instance à l'initiative de la partie adverse ou du juge n'est pas sans risque pour les demandeurs ou les requérants. En procédure civile, la demande par la partie adverse de la disjonction d'une instance peut même constituer le cœur de la défense procédurale. En effet, un éclatement des instances implique parfois, pour que toutes les demandes d'un groupe de demandeurs soit recevable, que des nouveaux actes de procédures soient diligentés. De toute évidence, une telle exigence peut représenter un important coût pour les demandeurs, neutralisant ainsi l'effet recherché par l'action collective conjointe de mutualiser les frais

---

[251] Conseil d'Etat, Section D... du 30 mars 1973 (n° 80717, p. 265, avec concl. Théry).
[252] Cass. civ 1., 24 février 1998, n° 95-20.627, Bull. N° 70 ; Cour d'appel de Paris, 6 juin 2007, n° 06/14890, Sté Google Inc et SARL Google France c./ SA AXA, SA Avanssur, SA Direct Assurances IARD ; Cour d'appel de Paris, 19 décembre 2018, n° 17/20652.

judiciaires. Pour cause, les seuls frais de signification d'une nouvelle assignation individuelle peuvent représenter entre 80 et 150 euros, de sorte que la disjonction d'instance peut faire obstacle à la viabilité économique de l'action collective.

De même, nous avons vu que le juge est tenu de procéder à une instruction individuelle de la recevabilité et du bien fondé de chacune des prétentions formulées par un groupe de justiciables réunis autour d'un litige identique ou similaire. Cette exigence peut légitimement justifier, en fonction du nombre de justiciables et de la nature du litige, un rallongement des délais de procédure.

Pour anticiper ces risques, les avocats concentrent leurs forces à apporter à la connaissance des juridictions, avant même que le moyen tiré de l'absence de connexité des affaires ne soit soulevé par la partie adverse, les éléments permettant de justifier la saisine conjointe du tribunal et les intérêts d'une telle pratique pour la bonne administration de la justice.

Aussi, et pour faciliter l'instruction des affaires, certains avocats procèdent à une pratique de catégorisation de sous-groupes de demandeurs ou de requérants au sein d'une même et unique instance. Il s'agit concrètement d'adapter la présentation des prétentions en fonction des spécificités liées à la recevabilité, aux droits substantiels ou aux préjudices subis par le groupe de justiciables. Une telle technique permet au magistrat de mieux prendre en compte les particularités de la situation des demandeurs ou des requérants et donc de faciliter l'instruction et les jugements à l'encontre de chacun d'entre eux. Naturellement, cette technique s'inscrit dans l'intérêt des justiciables en ce qu'elle semble, d'une part, réduire le risque qu'une disjonction d'instance soit ordonnée, et, d'autre part, limiter le rallongement des délais d'instruction de l'action collective.

L'exemple le plus marquant en la matière est celui de l'action collective conjointe portée par Me Edouard RAFFIN dans l'intérêt des opposants lyonnais au compteur « *Linky* ». Dans le cadre d'une saisine conjointe du juge des référés près le Tribunal judiciaire de Lyon par une centaine d'opposants au compteur, l'avocat a eu recours à une catégorisation des demandeurs à l'action. Dès l'acte introductif d'instance, une présentation des prétentions était structurée en trois sous-groupes de demandeurs, lesquels soulevaient des questions de droit distinctes. D'abord, ont été mises en avant les prétentions spécifiques aux opposants pour lesquels les compteurs « *Linky* » n'avaient pas encore été installés. Il s'agissait pour eux, d'obtenir, en référé, la reconnaissance d'un « droit de refuser » l'installation du compteur. Ensuite, ce sont les prétentions des opposants ayant déjà le compteur « *Linky* » installé à leur domicile et souhaitant, notamment, qu'une injonction de désinstallation ou de retrait de l'appareil soit ordonnée. Enfin, un troisième sous-groupe de demandeurs a été présenté. Il se composait des opposants atteints de la pathologie dite d'électrohypersensibilité en mesure de le justifier par la production d'un certificat médical.

Chapitre 2 – Les alternatives à l'action collective conjointe

Face aux nombreux inconvénients des procédures contentieuses, les modes amiables de règlement de litiges collectifs attirent justiciables et magistrats **(Section 1)**.

La complexité de l'organisation des actions collectives a, quant à elle, renforcé le développement parallèle de contentieux de masse **(Section 2)**.

Section 1 – Les modes amiables s'invitent à la résolution de litiges collectifs

Pour éviter les risques inhérents à une action contentieuse et en réduire les délais, les modes amiables de résolutions de différends collectifs se sont développés à l'initiative des parties **(A)**.

Par ailleurs, la collectivisation du conflit ne fait pas obstacle au recours à la médiation et à la conciliation judiciaire à l'initiative des juges **(B)**.

A – Les modes amiables de règlements de différends à l'initiative des parties

Me Frédérique AGOSTINI et Monsieur Nicolas MOLFESSIS ont été chargés par la Garde de Sceaux, alors en exercice, d'un rapport sur « *l'amélioration et simplification de la procédure civile* ». Tout en soulignant que les modes amiables de règlements de différends

(MARD) constituent « *une voie de justice de qualité* »[253], ils ont identifié une série de mesures favorables aux pratiques de résolution amiable d'un litige[254]. En parfait accord avec leurs préconisations, le nouvel article 750-1 du Code de procédure civile[255] rend désormais obligatoire, sous peine d'irrecevabilité, le recours à la tentative de conciliation, de médiation ou de procédure participative pour les demandes judiciaires inférieures à 5.000 euros.

---

[253] O. Akyurek et C. Habibi, « *Les chantiers de la justice, une impulsion nouvelle aux modes alternatifs de règlement des différends* », Vademecum du contentieux judiciaire, Actu-Juridique.fr, 11 juillet 2018.

[254] F. Agostini et N. Molfessis, Rapport sur « *l'amélioration et simplification de la procédure civile* », 15 janvier 2018. Il s'agit notamment de : « *la possibilité de conférer un régime spécifique à une expertise conventionnelle à un expert inscrit sur des listes qui mènerait sa mission selon des modalités standardisées ; la généralisation de la possibilité pour le juge d'enjoindre aux parties de rencontrer un médiateur ou un conciliateur ; permettre au juge de déléguer en tout état de cause sa mission de conciliation dans les litiges où les parties ont la libre disposition de leurs droits ; permettre l'instauration d'une césure du procès civil, permettant au juge de ne statuer que sur les questions de principe et de renvoyer les parties vers la médiation, la conciliation ou la procédure participative pour convenir des mesures qui en découlent, qu'elles soient de réparation ou d'indemnisation ; instaurer une tentative de conciliation préalable obligatoire à peine d'irrecevabilité pour les litiges dont le montant est inférieur à 5 000 € ; imposer le recours à la procédure participative pour la mise en état* ».

[255] Modifié par l'article 4 du Décret n° 2019-1333 du 11 décembre 2019 réformant la procédure civile.

On constate effectivement que les MARD s'intègrent dans la culture judiciaire française[256]. L'ensemble des professionnels du droit, et notamment les avocats, semblent aujourd'hui parfaitement sensibles aux avantages que peuvent procurer le recours à une alternative au procès. Aux avocats, il leur est recommandé, plus largement, « *d'examiner avec [leurs] clients la possibilité de résoudre leurs différends par le recours aux modes amiables ou alternatifs de règlement des différends préalablement à toute introduction d'une action en justice ou au cours de celle-ci* »[257]. Dans l'exercice de leur fonction d'auxiliaire de justice, les avocats sont invités à participer à la lutte contre l'engorgement des tribunaux pour laquelle les MARD peuvent être des armes efficaces[258]. Mais surtout, et dans le cadre de leur obligation déontologique d'agir dans l'intérêt de leurs clients, les avocats voient dans le recours aux MARD de nombreux avantages pour leurs représentés et conseillés. C'est pourquoi leur implication dans ce mode de résolutions de litiges se dynamise et se structure : selon l'Observatoire de la profession, en novembre 2021, ce ne sont pas moins 54 % des avocats qui ont suivi une formation à la médiation, 38 % à la procédure

---

[256] F. Beaupoil, Avocat et Médiateur au Barreau de Nanterre, « *Les MARD : plus que des outils, une nouvelle culture pour les avocats* », Village de la justice, 11 juillet 2022.

[257] P. Rolland, « *Les modes alternatifs de règlement des différends (MARD) : à chacun sa voie* », Village de la Justice, 22 mars 2021.

[258] F. Vert et M. Chapuis, « *Un moyen disruptif pour réduire les stocks des tribunaux : et si on essayait l'amiable ?* », D. actu., 1er mars 2021.

participative, 35 % au droit collaboratif, 20 % à l'arbitrage et 37 % à la négociation[259].

On observe alors que le panorama d'outils à disposition des parties pour résoudre amiablement leur litige est aussi riche qu'il est difficile de s'y retrouver : médiation, conciliation, droit collaboratif, procédure participative, arbitrage, négociation, etc. Appréhender les avantages et les inconvénients de chacun de ces outils, et surtout les obligations qu'elles génèrent vis-à-vis des parties, n'est pas chose aisée. C'est la raison pour laquelle, en la matière, les parties s'en remettent souvent aux conseils de leur avocat. C'est donc sous l'impulsion de ces derniers que les parties acceptent de privilégier une résolution amiable du conflit avant de passer par la « case tribunal ».

En matière de conflit collectif, on constate que le recours aux MARD à l'initiative des parties est omniprésent. Force est de constater que le terrain de l'action collective conjointe s'y prête particulièrement. D'abord, parce que la publicité des actions collectives peut représenter une arme de négociation imparable. Nombreuses sont les entreprises sensibles à l'impact pouvant porter sur leur activité d'une campagne de communication autour d'un litige pour lequel le juge n'a même pas encore été saisi. Pourtant, nous avons vu qu'à condition que ces actions de communication ne soient pas

---

[259] Conseil national des barreaux, « *Enquête Evolution de la pratique des avocats : volet modes amiables et alternatifs* », novembre 2021.

de nature dénigrante ou diffamatoire, et qu'elles soient conformes aux principes déontologiques et aux règles règlementaires encadrant la profession d'avocat, aucune disposition n'interdit aux avocats de recourir à une telle pratique. Et bien entendu, ils ne s'en privent pas. En effet, la publicité et la médiatisation des actions collectives conjointes s'inscrivent pleinement dans une stratégie judiciaire plus globale, laquelle vise à rééquilibrer les rapports de force, que ce soit en dehors ou dans les tribunaux.

Les avocats experts dans la résolution de contentieux collectif accordent une place importante à la recherche d'un accord amiable. Nombreuses sont les actions, par, exemple, qu'après avoir été publiées sur la plateforme *« V pour Verdict »,* ont fait l'objet d'une transaction à l'amiable. Afin de préserver la confidentialité encadrée par les protocoles d'accord, ces actions ne seront pas citées.

L'avocat dispose notamment de deux outils principaux pour parvenir à un accord amiable dans l'intérêt de leurs clients. Il s'agit, en premier lieu, du recours au droit collaboratif par lequel les avocats des demandeurs et du défenseur s'engagent contractuellement à tout mettre en œuvre pour parvenir à un accord amiable et s'interdisent[260], réciproquement, tout recours juridictionnel durant les négociations. Si dans les

---

[260] A l'exception du juge de l'urgence : V. N. Fricero, C. Butruille-Cardew, L. BenraïS et al., *« Le guide des modes amiables de résolution des différends (MARD) »,* Dalloz, 3e éd., n°421.22.

contentieux individuels, le recours au droit collaboratif est mis en avant en ce qu'il constituerait *« la forme la plus achevée de recherche d'une résolution amiable d'un conflit »* [261] et qu'il présente un taux de succès de près de 90%[262], la réalité est plus contrastée en matière de conflits collectifs. Au regard de la complexité engendrée par la masse et la variété des cas dans un litige collectif, les avocats privilégient au droit collaboratif le recours à la convention de procure participative[263], laquelle est encadrée dans le temps, ou tout simplement, aux techniques de négociation amiable détachées de tout régime juridique dédié. Contrairement au droit collaboratif, ces solutions n'imposent aux parties aucune obligation de désistement des avocats, ce qui facilite la saisine du juge à tout moment, et ce qui constitue l'argument principal de négociation en matière d'action collective.

Dans le cadre d'une action collective conjointe, certains avocats représentant les demandeurs n'hésitent pas à mettre en lumière l'intérêt pour les défendeurs de recourir à un outil de résolution amiable de règlement de leur litige. Pour les entreprises attaquées, le souci consiste à maîtriser ou limiter les impacts de la publicité de l'action

---

[261] P. Delmas-Goyon, *« Le juge du 21e siècle »,* Rapp., Ministère de la Justice, Page 63.
[262] N. Fricero, C. Butruille-cardew, L. Benraïs et al., op. cit., n°412.22.
[263] Article 2062 du Code civil : *« une convention par laquelle les parties à un différend s'engagent à œuvrer conjointement et de bonne foi à la résolution amiable de leur différend ou à la mise en état de leur litige ».*

collective sur leurs relations commerciales ou sur leur activité. L'impact médiatique ou publicitaire d'une action collective conjointe peut, même en l'absence de condamnation de l'entreprise, nuire à son image. Il ressort des actions collectives observées que les contreparties revendiquées par les défendeurs dans le cadre de la signature d'un accord amiable sont notamment l'exigence de confidentialité des transactions ainsi que l'obligation pour l'avocat adverse de retirer tout élément publié ou mis en ligne en relation directe ou indirecte avec le projet d'action contentieuse. De l'autre côté de la table des négociations, à savoir des demandeurs, l'intérêt de recourir aux MARD est double. Il s'agit, d'abord, de bénéficier d'un important gain de temps. Malgré les nombreux avantages que l'action collective conjointe peut leur procurer, celle-ci n'a absolument aucune incidence positive sur les délais pratiqués par l'institution judiciaire. Bien au contraire, l'exigence pour le greffe et le juge de tenir compte de l'individualisation des situations peut, compte tenu d'un grand nombre de pièces et des diligences procédurales, rallonger les délais d'instruction et de jugement de l'affaire. Ainsi, la relative célérité des négociations entreprises à l'aide des MARD attire les justiciables et leurs avocats. Ensuite, envisager la signature d'un protocole d'accord représente pour les demandeurs une opportunité de bénéficier d'une indemnisation tout en contournant les risques inhérents à tout procès. Au contentieux, les demandeurs seront effectivement tenus d'apporter la preuve de leurs allégations, ce qui peut s'avérer une lourde tâche pour leur avocat rendant plus difficile de parvenir à une issue favorable du procès. De même, tout justiciable s'expose à une condamnation, en cas d'échec de leur demande, au paiement des frais de procédure de la partie adverse sur les fondements des articles 700 du Code de procédure civile ou L. 761-1 du Code de justice administrative. La signature d'un protocole d'accord permet, de toute évidence, d'éviter de tels risques.

Il convient de rappeler que, si le recours aux MARD à l'initiative des parties est souvent envisagée avant l'introduction d'une procédure contentieuse, celle-ci peut également être engagée en cours d'instance.

Enfin, certains avocats n'écartent pas la possibilité d'avoir recours à un tiers pour la résolution amiable du litige collectif pour lequel ils ont été engagés. Ils disposent ainsi de la possibilité de recourir à un médiateur[264] ou à un conciliateur[265]. En ce qui concerne l'action collective, les parties semblent plus sensibles à la médiation, notamment

---

[264] Article 1530 du Code de procédure civile : « *la médiation et la conciliation conventionnelles régies par le présent titre s'entendent, en application des articles 21 et 21-2 de la loi du 8 février 1995 susmentionnée, de tout processus structuré, par lequel deux ou plusieurs parties tentent de parvenir à un accord, en dehors de toute procédure judiciaire en vue de la résolution amiable de leurs différends, avec l'aide d'un tiers choisi par elles qui accomplit sa mission avec impartialité, compétence et diligence* ».

[265] Article 1536 du Code de procédure civile : « *le conciliateur de justice institué par le décret du 20 mars 1978 relatif aux conciliateurs de justice peut être saisi sans forme par toute personne physique ou morale* ».

lorsqu'il s'agit d'un groupe de demandeurs constitués de professionnels (TPE, artisans et commerçants) soucieux de préserver leurs relations commerciales. L'opportunité de dialoguer en toute confidentialité, et de se laisser la possibilité de trouver une solution dite « gagnante-gagnante » avec l'aide d'un tiers professionnel et formé est attractive.

Sur ce point, des solutions dédiées à la médiation collective se sont structurées, à l'image de la plateforme « *Cessez-le-feu* »[266], associée à « *V pour Verdict* », dont la finalité est de permettre à « *plusieurs consommateurs qui partagent le même problème* » de se « *retrouver ensemble, face à l'entreprise, pour dialoguer* » et trouver un accord amiable à l'aide d'un médiateur professionnel. Nous avons ainsi développé un espace de dialogue sous la forme d'un *chat* en ligne confidentiel qui est accessible aux consommateurs, à l'entreprise concernée par le litige et au médiateur en charge du dossier. Au terme d'un délai de 13 semaines minimum à 25 semaines maximum, un accord général est voté par l'ensemble des parties au litige pouvant aboutir à un protocole d'accord collectif.

---

[266] https://cessezlefeu.com/.

B – Les modes amiables de règlements de différends à l'initiative du juge

Loin d'être la seule affaire des parties, les modes alternatifs de règlements des différends est au cœur de l'office du juge[267]. En effet, « *il entre dans la mission du juge de concilier les parties* »[268]. C'est pourquoi, en matière judiciaire par exemple, le Code de procédure civile prévoit la possibilité pour le juge de « *proposer aux parties qui ne justifieraient pas de diligences entreprises pour parvenir à une résolution amiable du litige une mesure de conciliation ou de médiation* »[269].

Toujours dans le domaine judiciaire, on constatera toutefois que la recherche de conciliation directement intentée par le juge serait, dans la pratique, tombée en désuétude[270]. L'absence d'un encadrement procédural précis[271] (à l'exception des tribunaux de commerce qui ont structuré une pratique en la matière[272]) et le reflexe du juge de concilier sur la base d'une décision qu'il pourrait

---

[267] B. Bernabé, « *Les chemins de l'amiable résolution des différends* », Chroniques — La croisée des savoirs, Les Cahiers de la Justice 2014/4 (N° 4), pages 631 à 643.
[268] Article 21 du Code de procédure civile.
[269] Article 127 du Code de procédure civile.
[270] P. Rolland, « *Les modes alternatifs de règlement des différends (MARD) : à chacun sa voie* », Village de la Justice, 22 mars 2021.
[271] *Ibdem.*
[272] Conférence générale des juges consulaires, Modes alternatifs de règlement des différends (MARD) - Guide pratique pour les tribunaux commerce.

prendre[273] rendent les recours à la conciliation judiciaire plutôt rares.

Toujours est-il que, s'il n'est pas toujours en mesure d'assurer lui-même la conciliation, le juge peut être à l'initiative d'une conciliation ou d'une médiation judiciaire.

Concernant la conciliation, le juge jouit du pouvoir d'enjoindre aux parties de rencontrer un conciliateur[274] ainsi que celui de déléguer sa mission de conciliation en désignant un conciliateur de justice à cet effet[275].

Quant à la médiation judiciaire, le juge peut « *désigner une tierce personne afin d'entendre les parties et de confronter leurs points de vue pour leur permettre de trouver une solution au conflit qui les oppose* »[276]. Toutefois, et contrairement à la conciliation judiciaire, la médiation suppose l'accord des parties. Si le médiateur désigné parvient à mettre les parties d'accord, ces dernières disposent de la possibilité, à tout moment et par le biais d'une simple requête, de soumettre le protocole d'accord établi par le médiateur à l'homologation du juge[277].

---

[273] P. Rolland, « *Les modes alternatifs de règlement des différends (MARD) : à chacun sa voie* », Village de la Justice, 22 mars 2021
[274] Article 129 du Code de procédure civile.
[275] Article 129-2 du Code de procédure civile.
[276] Article 131-1 du Code de procédure civile.
[277] Article 131-12 du Code de procédure civile.

Appliquée aux actions collectives conjointes, les résolutions amiables de conflits collectifs à l'initiative du juge ne sont pas si rares. Au-delà de l'intérêt propre que la conciliation ou la médiation judiciaires peuvent avoir pour les parties à l'instance, c'est le souci et le devoir de veiller à la bonne administration de la justice qui guident les juges vers le choix de la voie amiable. Face à la crainte des tribunaux de voir leurs services engorgés par le traitement des actes de procédure et la vérification et analyse des pièces, la désignation d'un conciliateur ou d'un médiateur peut être une solution à privilégier.

Dans le cadre de l'action collective intentée par Me Vincent DURAND dans l'intérêt de 1.200 abonnés des diffuseurs « *Canal +* » et « *beIN Sports* », déjà évoquée, la présidente du Tribunal judiciaire de Nanterre a proposé aux parties de désigner un médiateur judiciaire dans le but de trouver une solution amiable à leur désaccord. Pourtant, avant même la saisine de la juridiction, les avocats des abonnés et ceux des diffuseurs avaient déjà engagé de négociations amiables, en vain. A la suite d'une première lettre de mise en demeure adressée par Me DURAND aux diffuseurs, ces derniers ont formulé une proposition non pas de rembourser les sommes demandées par les abonnés, mais un « *geste commercial* », selon les termes de l'avocat, d'une réduction de 25% pendant trois mois le prix de l'abonnement aux abonnés qui en feraient la demande[278]. L'avocat des abonnés a alors adopté une

---

[278] Q.C., « *L'avocat des abonnés de Canal et Bein menace de saisir la justice* », So Foot, 23 juin 2020.

stratégie plutôt offensive[279] et souhaité poursuivre l'action contentieuse. Malgré ce premier échec des négociations amiables, le Tribunal judiciaire de Nanterre a persisté sur cette voie. Sans nul doute, la possibilité de résoudre amiablement un tel litige allégeait la charge que représentait pour le Tribunal judiciaire de Nanterre de traiter et analyser des milliers de justificatifs d'abonnements, renvoyant à un contrat d'adhésion unique pour chacun des demandeurs, dont les clauses particulières relatives à la résiliation qui pouvaient s'appliquer.

Partant, le recours aux MARD à l'initiative du juge, s'il estime que le litige s'y prête, peut s'inscrire à la fois dans sa préoccupation de garantir les droits des parties à une justice effective pour toutes et pour tous, mais également à celle, tout aussi importante, de veiller à la bonne administration de la justice.

---

[279] *Ibdem*, propos de Me Vincent Durand, avocat des abonnés et demandeurs à l'action collective conjointe :

« *Nous avons pourtant expliqué aux deux chaînes que si elles ont estimé ne pas être une banque pour la LFP, les abonnés, eux, ne sont pas leurs banques, poursuit Me Vincent Durand, offensif. Ils ont payé pour ne rien voir ! Nous estimons que les deux chaînes ont pourtant économisé près de 150 millions d'euros de droits télé dans cette histoire* ».

Section 2 – Le développement parallèle des contentieux de masse

Lorsque le recours à l'action collective conjointe s'avère impossible ou économiquement inviable, c'est l'automatisation des actes de procédures individuels **(A)** qui est privilégiée par les avocats.

On observe enfin un phénomène d'autonomisation des justiciables favorisant le recours juridictionnel sans avocat pour la résolution des litiges courants **(B)**.

A – *L'automatisation des actes de procédures individuels*

On observe que, parallèlement à l'action collective conjointe, la gestion automatisée par les cabinets d'avocats des contentieux de masse se développe.

Par contentieux de masse, on entend *« un afflux de demandes en justice présentant à juger des moyens quasiment identiques, dans un intervalle de temps relativement restreint »*[280]. Les juridictions civiles, administratives ou pénales se trouvent alors confrontées au défi d'un traitement massif de multiples demandes concernant l'application d'une même législation ou règlementation par un traitement individualisé de requêtes

---

[280] 12ème Colloque organisé par le Master II Droit Processuel de l'Université de Bourgogne, « *Contentieux de masse et masse des contentieux : le défi de la justice du XXIème siècle* », 10 février 2017.

représentant un faible intérêt intellectuel, puisque identiques ou très similaires[281].

Les contentieux de masse se distinguent alors fondamentalement des actions collectives conjointes. Les premiers supposent qu'une instance distincte pour chaque demandeur soit ouverte, indépendamment de l'identité ou de la connexité des affaires. L'action collective conjointe, elle, suppose l'existence d'une ou plusieurs instances conjointes ouvertes dans le cadre d'un litige identique ou similaire.

L'exemple le plus marquant des contentieux de masse est probablement celui des retraits de points de permis de conduire[282] devant les tribunaux administratifs. Malgré l'identité ou la forte similitude des litiges, le caractère purement personnel des contentieux de traits de points de permis de conduire s'impose. De plus, les règles de compétence territoriale peuvent également faire obstacle au recours à la jonction des instances dans ce contentieux. Les juridictions administratives se trouvent donc contraintes de traiter chaque requête à titre strictement personnel et individuel.

Force est toutefois de reconnaître que le marché des contentieux de masse peut s'avérer rentable pour certains cabinets d'avocats. L'existence de nouveaux outils technologiques rendant possible l'automatisation de

---

[281] J.-C. Bernard, « *L'exemple d'un contentieux de masse* », 28 septembre 2009.
[282] *Ibdem.*

la rédaction et de la gestion des actes de procédure permet, dans certains cas, d'envisager un modèle économique prospère.

En revanche, dans d'autres cas, les avocats n'ont pas d'autre choix que de recourir à l'automatisation des contentieux de masse pour proposer une solution juridiquement viable aux justiciables. C'est notamment le cas lorsque les règles procédurales compromettent l'introduction d'une instance commune. L'un des exemples les plus marquants est celui du respect des règles de compétence territoriale en matière judiciaire.

Pour illustrer une telle hypothèse, le contentieux de masse engagé contre la société *« Prepaid Financial Services Limited »* sur la plateforme *« V pour Verdict »* a été particulièrement intéressant à observer. L'initiative de Me Elisabeth GELOT visait à apporter une réponse à de centaines de victimes d'arnaques et escroqueries en ligne. Pour comprendre l'ampleur du litige, on rappellera que sur la seule année 2018, ce ne sont pas moins de 1.246.961[283] personnes qui ont été victimes d'arnaques en ligne. Et à en croire Monsieur Jérôme NOTIN, le directeur de *« Cybermalveillance »,* ces pratiques ont explosé pendant la crise sanitaire, avec une *« augmentation de près de 400% des arnaques en ligne »*[284]. Parmi les arnaques constatées par l'Observatoire nationale de la délinquance

---

[283] Note de l'Observatoire national de la délinquance et des réponses pénales (ONDRP), septembre 2020.
[284] J. Notin : *"Avec le télétravail, les tentatives d'hameçonnage ont explosé",* sur France Inter, 31 mars 2020.

et des réponses pénales (ONDRP), 318.000 arnaques concernaient l'achat d'un produit ou d'un service en ligne. Pour revenir au cas d'espèce observé, l'avocate a été saisie par de victimes qui avaient pour premier point commun le fait d'avoir acheté de produits ou services *via* des plateformes *d'e-commerce*. Cependant, ces produits et services étaient en réalité inexistants et vendus par des faux vendeurs ayant ouvert un compte bancaire après avoir usurpé l'identité d'une autre personne ou d'une entreprise. Une fois le montant de l'achat encaissée, les escrocs disparaissaient dans la nature. Mais lorsque l'avocate a appris que, toujours selon l'ONDRP, seulement 16% des victimes parvenaient à une réparation totale ou partielle de leurs préjudices dès lors que 83% des plaintes et des mains courantes déposées restait sans suite, elle a décidé d'engager la responsabilité civile délictuelle de l'établissement bancaire ayant permis aux escrocs présumés d'ouvrir un compte bancaire sous une fausse identité que l'avocate envisageait d'engager dans le cadre d'une action collective conjointe. En effet, il incombe aux établissements bancaires de procéder, eu égard aux dispositions du Code monétaire et financier, à une vérification effective et matérielle de l'identité de chaque nouveau client, de sorte que le banquier joue un rôle primordial dans la prévention de la commission de crimes et délits de ce type. Et, parmi la centaine de cas remontés à l'avocate, au moins la moitié concernait le même établissement bancaire britannique, à savoir « *Prepaid Financial Services* », spécialisé dans les services bancaires en ligne et prônant justement la facilité de l'ouverture de tout nouveau compte bancaire. De prime abord, l'existence d'un défendeur unique pour une cinquantaine de demandeurs permettait, d'envisager une procédure conjointe auprès de la juridiction du lieu où demeurait la société « *Prepaid Financial Services Limited* ». Mais le fait que le siège de la société soit basé à Londres[285], faisant appel à la compétence des juridictions britanniques, rendait la procédure plus complexe, plus longue, plus couteuse et plus risquée pour les victimes. C'est donc vers la Procédure européenne de règlement de petits litiges, instaurée par le Règlement (CE) n°861/2007[286] que l'avocate s'est tournée. Cette procédure simplifiée permet de régler un litige civil avec un

---

[285] Concernant le champ d'application de la Procédure européenne des règlements des petits litiges, on précisera que l'article 67 de l'Accord de retrait du Royaume-Uni de Grande-Bretagne et d'Irlande du Nord de l'Union européenne et de la Communauté européenne de l'énergie atomique (2019/C 384 I/01) dispose que :

« *3. Au Royaume-Uni, ainsi que dans les États membres en cas de situations impliquant le Royaume-Uni, les dispositions suivantes s'appliquent comme suit :*

[...]

e) le règlement (CE) no 861/2007 du Parlement européen et du Conseil (80) s'applique aux procédures de règlement des petits litiges pour lesquelles la demande a été introduite avant la fin de la période de transition ».

La période de transition s'est achevée le 31 décembre 2020. Les requêtes des demandeurs, introduites avant cette date, étaient alors recevables malgré le retrait du Royaume-Uni de l'Union européenne.

[286] Règlement (CE) no 861/2007 instituant une procédure européenne de règlement des petits litiges.

professionnel installé dans un autre Etat de l'Union européenne si le montant de la demande ne dépasse pas le plafond des 5.000 euros. Dans le cadre de cette procédure, la représentation par avocat n'est pas obligatoire et son principal avantage tient à la possibilité pour le consommateur résidant dans un pays membre de l'Union européenne d'introduire la procédure auprès de la juridiction du lieu de son domicile par le simple dépôt d'un formulaire. La solution proposée aux victimes a alors été d'organiser une démarche, certes collective, mais visant l'introduction de requêtes individuelles auprès des juridictions de lieu du domicile de chacun d'entre eux. Dans un premier temps, les demandeurs se sont réunis sur la plateforme *« Cessez-le-feu »*. Ils ont invité *« Prepaid Financial Services »* à prendre part à une médiation collective. L'établissement bancaire ayant expressément refusé une telle négociation, l'avocate a proposé l'introduction des requêtes sur le fondement de la Procédure européenne de règlement de petits litiges. Or, cette solution collective n'a été rendue possible que par l'utilisation par l'avocate d'outils technologiques facilitant la vérification et la gestion des pièces, l'automatisation de la requête introductive d'instance en complément des modèles de formulaire proposés par la Commission européenne et l'organisation de réunions groupées afin de faire transmettre aux demandeurs les instructions nécessaires pour le dépôt de leur requête. En effet, les victimes n'ont pas été représentées dans le cadre de cette action. Ils ont bénéficié, pour un montant forfaitaire de 45 euros TTC, de l'assistance de l'avocate et de l'obtention d'une requête, nourrie en considérations de droit et en fait, à partir des éléments personnels remontés par les victimes par le biais d'un formulaire en ligne. C'est donc sans représentation d'avocat que près de 50 victimes ont saisi les chambres de proximité des tribunaux judiciaires français afin de voir la responsabilité délictuelle de « *Prepaid Financial Services* » retenue. Par ailleurs, on observera que les résultats de ces requêtes impressionnent par leur diversité. Certains demandeurs ont eu gain de cause, tel qu'il ressort des décisions du Tribunal judiciaire d'Arras[287] ou du Tribunal judiciaire de Caen[288] condamnant l'établissement bancaire au dédommagement des victimes ainsi qu'à 45 euros au titre des frais de procédure. D'autres ordonnances d'irrecevabilité ont été rendues. Ces dernières sont notamment motivées par le fait que l'adresse de la société en cause serait inconnue[289], ou par l'exclusion du champ

---

[287] Tribunal judiciaire d'Arras, 22 mars 2021, n° 11-2100011 : « *la société Prepaid Financial Services Limited a ainsi manifestement failli dans son obligation de vérification notamment de l'identité de son client, ce qui a contribué au succès de la fraude dont a été victime M. G.D., son préjudice étant la perte de la somme de 720 euros* ».
[288] Tribunal judiciaire de Caen, 10 mai 2021, n° RG 20/04355 : « *il résulte également que le manquement de la société Prepaid Financial Services Limited à ses obligations de vérification et de vigilance a permis l'opération litigieuse. En conséquence, la société Prepaid Financial Services Limited sera condamnée à rembourser à M. M.B. le montant du virement opéré, soit la somme de 350 euros* ».
[289] Tribunal judiciaire de Bourg-en-Bresse, 3ème chambre civile, 7 octobre 2021, n° 21/01585.

d'application[290] de la Procédure européenne de règlement des petits litiges en raison d'une date tardive d'introduction de la requête par certaines victimes. Si les rejets pour irrecevabilité étaient juridiquement contestables, les décisions prises dans le cadre d'une Procédure européenne de règlement de petits litiges sont rendues en premier et dernier ressort, de sorte que la cassation est la seule voie de recours offerte aux victimes. Par ailleurs, au moins un tiers de ces litiges n'ont à ce jour pas été résolus, les instances étant toujours en cours dans nombre de tribunaux judiciaires français.

Mais de nombreux autres contentieux de masse se sont démarqués, notamment durant la période de crise sanitaire. C'est le cas, par exemple, des démarches[291] collectives visant à obtenir le remboursement du prix de billets des vols annulés pour cause de la crise sanitaire. Me Laurence KASHIMOV-FARA, Avocate au Barreau de Marseille, a ainsi organisé un contentieux de masse à l'encontre de l'agence de voyage « *MyTrip* ». Selon elle,

---

[290] Message de la Greffière du tribunal judiciaire de Metz envoyé à une victime dans le cadre d'un rejet pour irrecevabilité : « *le magistrat m'a confirmé que la procédure de règlement des petits litiges européens n'est pas applicable. En effet, vous avez introduit votre demande avant la fin de la période de transition, mais au moment où le juge a statué, à savoir le 11/01/21, la procédure ne pouvait être appliquée. Votre demande sera donc rejetée* ».

[291] L. Croze, « *Vols annulés : une action collective pour demander le remboursement des billets* », V pour Verdict, 7 décembre 2020.

cet intermédiaire était tenu[292] de procéder au remboursement des billets pour les vols annulés en raison de la pandémie de Covid-19.

On soulignera également d'autres contentieux de masse, beaucoup plus polémiques, dont les *« plaintes groupées »* organisées par Me Fabrice DI VIZIO, connu

---

[292] Selon Me L. Kashimov-Fara (https://vpourverdict.com/vols-annules-action-collective/) : *« La législation est assez claire dans ce domaine. L'article 8 du règlement européen n° 261/2004 du 11 février 2004 dispose que les vols d'avions achetés "secs" (sans autre prestation) annulés par le transporteur ou l'organisateur doivent être remboursés dans les 7 jours suivant la demande des clients qui l'exigent, y compris pour les billets non remboursables. Le transporteur aérien a l'obligation de permettre au passager de déterminer seul la solution qui a sa préférence.*

L'ordonnance française n° 2020-315 du 25 mars 2020 a beaucoup été citée ici. Celle-ci a instauré un dispositif dérogatoire temporaire (jusqu'au 15 septembre) concernant les effets de la résolution des contrats pour les professionnels du tourisme face à cette crise sanitaire. Les agences de voyage ont été dispensées de rembourser les clients et peuvent fournir un avoir valable pendant 18 mois (utilisable pour n'importe quelle prestation de l'agence) pour les voyages à forfait (c'est à dire une combinaison d'au moins deux des prestations suivantes : transport, hébergement et autre prestation touristique comprises dans un forfait / prix global).

Cette ordonnance concerne donc uniquement les voyages à forfait et ne s'applique pas pour les vols "secs". Le règlement (CE) n° 261 / 2004 du 11 février 2004 établissant des règles communes en matière d'indemnisation et d'assistance des passagers en cas de refus d'embarquement et d'annulation ou de retard important d'un vol, est applicable ici pour les "vols secs".

Bien que la réglementation européenne soit claire, celle-ci a été rarement respectée au cours de cette crise sanitaire ».

comme « *l'avocat des anti-passe sanitaire* »[293]. Au pic de la crise sanitaire, Me DI VIZIO a créé l'Association d'information et de défense de la santé publique et environnementale (ADSPE), dont le but était de fournir sur son site internet et contre rémunération des « *outils juridiques de la résistance* ». Il s'agissait en réalité de « *modèles de plaintes ou des recours sur lesquels il ne reste qu'à ajouter son prénom, son nom et son adresse, signer et envoyer le tout à la juridiction concerné* »[294]. L'avocat s'est alors appuyé, lui aussi, sur des techniques dites de publipostage et d'automatisation rédactionnelle pour l'édition de milliers de recours. On précisera, au demeurant, que par ce contentieux de masse, Me DI VIZIO revendiquait un objectif[295] plus politique que judiciaire. La nature de sa stratégie ainsi que les quelques euros sollicités aux plaignants ont attiré de vives critiques, lesquelles ne sont pas sans conséquences sur la crédibilité de la pratique des contentieux de masse.

---

[293] E. Souffi, « *Plaintes groupées, 25.000 euros par mois... Les coulisses du business de Di Vizio, l'avocat des anti-passe* », Le Journal du Dimanche, 13 septembre 2021.

[294] M. Garcia et B. Zagdoun, « *Les pratiques de Fabrice Di Vizio, l'avocat des antivaccins, sont-elles "réglos" ?* », Franceinfo, 9 octobre 2021.

[295] Selon F. Di Vizio (https://www.francetvinfo.fr/sante/maladie/coronavirus/pass-sanitaire/enquete-franceinfo-les-pratiques-de-fabrice-di-vizio-l-avocat-des-antivaccins-sont-elles-reglos_4779151.html) :
  « *Le but n'est pas tant d'obtenir gain de cause – ça je ne sais pas. Le but, c'est de faire pression sur le gouvernement* ».

Quoi qu'il en soit, on retiendra de ces applications pratiques qu'en parallèle de l'action collective conjointe, le développement des contentieux de masse est aussi impulsé par le recours à des outils numériques et aux nouvelles technologies.

B – L'autonomisation des justiciables

La question de « l'accès au droit » et à la justice est centrale. En Europe, il s'agit d'un droit fondamental essentiel, garanti notamment par la Charte des droits fondamentaux de l'Union européenne. Mis en pratique, il convient toutefois de distinguer[296] la notion « d'accès au droit » sous le prisme du concept plus simple et plus limité de l'accès à la documentation juridique, d'un projet de société plus ambitieux d'un accès à la justice *lato sensu*. L'accès à la documentation juridique est aujourd'hui relativement bien assurée[297] par de moyens techniques simples, que ce soit par des acteurs publics officiels avec la plateforme *« Legifrance »* ou l'interface *« Service-Public.fr »*, ou par des acteurs privés, à l'image des éditeurs juridiques et de l'essor des *Legaltechs*. L'accès au droit, dans sa dimension entière, constitue, quant à lui, un projet beaucoup plus ambitieux, exigeant un haut niveau

---

[296] D. Poulin, « *La démocratisation de l'accès au droit : nouveaux acteurs et nouvelles technologies* », Variations sur le droit de la société de l'information, C. Monville (dir.), Cahier du CRID, Bruylant, Bruxelles, 2001, Page 27-44.
[297] *Ibdem.*

d'éducation de la population, pour lequel le seul recours aux nouvelles technologies ne saurait être suffisant[298].

Force est pourtant de constater, en parallèle du développement des nouvelles technologies, une certaine autonomisation des justiciables. Ces derniers semblent effectivement séduits par les nouvelles solutions leur permettant de franchir les portes des palais de justice sans hésitation. En revanche, la saisine d'un juge par un justiciable novice en matière juridique est naturellement limitée aux affaires pour lesquelles la représentation par avocat n'est pas obligatoire, et notamment la résolution des litiges du quotidien. Cet activisme judiciaire autonome et croissant est encouragé par des solutions venant des acteurs privés, associatifs et publics.

On soulignera d'abord, le rôle des nouveaux entrants dans le marché du droit et de la justice, complètement indépendants du traditionnel monde associatif et de la profession d'avocat. Les solutions privées, destinées directement aux justiciables particuliers ainsi qu'aux TPE et PME sont nombreuses[299]. Sans prétendre à l'exhaustivité, nous citerons les exemples de « *Qualiplainte »[300]*, permettant à une victime de rédiger et envoyer un dépôt de plainte sans avocat ou de

---

[298] *Ibdem.*

[299] Baromètre Maddyness / Wolters Kluwer / Banque des Territoires, « Les Legaltechs françaises, tendances 2021 », 2021.

[300] https://qualiplainte.fr/.

« *Domaine.legal* »[301], donnant la possibilité à tout justiciable d'engager une procédure juridictionnelle sans représentation d'avocat et avec une seule « *assistance en ligne* »[302]. Il s'agit ici, incontestablement, de rendre le justiciable plus autonome dans ses démarches judiciaires. En effet, les professionnels du droit se contentent, dans ces cas, d'assurer un rôle d'assistant des démarches judiciaires, laissant le justiciable assumer la pleine responsabilité des procédures engagées. Nous citerons encore le cas plus radical, déjà évoqué, de « *DemanderJustice.com* »[303] ou de ses variantes « *Litige.fr* »[304] ou « *SaisirPrudhommes.com* »[305]. La *start-up* va jusqu'à inscrire le non-recours à l'avocat dans sa stratégie marketing en invitant ses clients à éviter les cabinets d'avocats pour une résolution de leurs litiges qui serait plus efficace, plus rapide et surtout, moins couteuse. La *start-up* propose à ses clients, sans le moindre recours à un avocat, une « *procédure amiable à partir de 49,90 € TTC ou un pack de procédures Amiable & Judiciaire à partir de 89,90 € TTC* ». Si, on l'a vu, ces solutions soulèvent de vifs débats parmi les professionnels du droit et les acteurs associatifs, force est toutefois de reconnaître que la pérennisation du modèle économique des *start-up* du droit telles que « *DemanderJustice.com* » révèle un

---

[301] https://domaine-legal.com/litige.
[302] *Ibdem.*
[303] https://www.demanderjustice.com/.
[304] https://www.litige.fr/.
[305] https://www.saisirprudhommes.com/.

certain attrait des justiciables par une gestion autonome de leurs procédures.

Si certains professionnels du droit observent avec méfiance le développement de ces solutions privées, d'autres se montrent, au contraire, plus avenants, voire coopératifs. Pour cause, certains avocats, commissaires de justice ou notaires adoptent, dans le cadre des petits litiges notamment, la stratégie de l'autonomisation des justiciables. On a effectivement évoqué qu'en faveur des victimes d'arnaques en ligne, Me Elisabeth GELOT a choisi d'adopter un rôle de simple assistance juridique, secondaire, dans le cadre de la procédure européenne de règlement de petits litiges que chaque victime a été invitée à engager sans représentation d'avocat. Cette même stratégie a été adoptée par d'autres avocats dans le cadre de contentieux de masse, tels que ceux visant le remboursement des billets d'avions ou de train ou la contestation du retrait des points de permis de conduire.

Contrairement aux acteurs privés et aux cabinets d'avocats, pour lesquels l'autonomisation des justiciables sont des pratiques plutôt nouvelles, le monde associatif, quant à lui, y est traditionnellement plus familier. Que ce soit en raison du manque de moyens humains des associations les empêchant de prendre en charge tous les litiges qui leur sont remontés, ou d'une réelle volonté de faire du justiciable le protagoniste de sa procédure, il est courant que les associations mettent à disposition de leurs membres des modèles d'actes de procédure. A titre indicatif, sur le site de l'association de défense des intérêts de consommateurs *« UFC-Que Choisir »,* ce ne sont pas moins de 249 *« lettres types »*[306] qui sont mises à disposition non seulement de leurs membres, mais de n'importe quel internaute. De même, le *« Gisti »* (Groupe d'information et de soutien des immigrés) met librement à disposition de toutes et tous différents modèles de recours et courriers-types[307] en matière de contentieux du droit des étrangers tels que les refus de visa ou de titre de séjour, les mesures administratives d'éloignement ou les contentieux relatifs à l'accès aux droits sociaux des étrangers résidant en France. Ces deux exemples, certes emblématiques, sont loin de représenter toute la richesse de la documentation judiciaire mise à disposition des justiciables par les acteurs associatifs, omniprésents en la matière.

Enfin, ce sont les solutions proposées par les pouvoirs publics qui se développent. On constate effectivement des efforts croissants déployés dans des solutions d'accès à l'information et à la documentation juridique tels que *« Service-Public.fr »,* le site officiel de l'administration française, pour lequel une nouvelle plateforme a été lancée le 18 juillet 2022[308]. Concernant les mesures en lien avec l'autonomisation des justiciables, nous citerons tout particulièrement celles concernant le contentieux administratif, où la représentation par avocat

---

[306] https://www.quechoisir.org/rub-lettre-type-t641/.

[307] http://www.gisti.org/spip.php?article219.

[308] Direction de l'information légale et administrative (Premier ministre), *« Service-Public.fr a fait peau neuve le 18 juillet 2022 ! »,* 19 juillet 2022.

est plus rarement obligatoire qu'en matière judiciaire. En effet, le Conseil d'Etat a inauguré, le 26 mars 2019, la plateforme « *Télérecours citoyens* »[309], une application permettant aux administrés de saisir le juge administratif par Internet. Selon le Conseil d'Etat, il s'agit de « *faciliter les échanges entre les citoyens et la justice* »[310] car « *en quelques clics, [la plateforme] permet de déposer en ligne une requête ne nécessitant pas d'avocat, auprès d'un tribunal administratif, d'une cour administrative d'appel ou encore au Conseil d'État* »[311]. Si son utilisation n'est pas obligatoire, elle est fortement encouragée par la mise en lumière de « *nombreux avantages* »[312] selon le Conseil d'Etat. Les services du Conseil d'Etat ont collaboré avec des associations telles que « *Droits d'Urgence* » pour la conception de cette plateforme dans le but de vulgariser les termes procéduraux techniques. Il s'est aussi appuyé sur des tribunaux administratifs pour son expérimentation, lesquels ont confirmé[313] le besoin exprimé par les

---

[309] https://citoyens.telerecours.fr/.

[310] Conseil d'Etat, « *Télérecours citoyens : Une application pour saisir le juge administratif par internet* », 26 mars 2019.

[311] *Ibdem.*

[312] *Ibdem.*

[313] Selon les services du Tribunal administratif de Melun : « *si les requérants ne maîtrisaient pas toujours l'utilisation des téléprocédures, celles-ci ont néanmoins montré qu'il existait un réel besoin de la part des justiciables. Elles s'inscrivent surtout dans la volonté de faciliter l'accès au droit* ».
    Selon les services du Tribunal administratif de Cergy-Pontoise : « *avec Télérecours citoyens, le traitement des recours est simplifié, accéléré et sécurisé. Les requérants n'ont plus besoin*

justiciables. Concernant toujours les mesures instaurées par les pouvoirs publics, nous citerons, une nouvelle fois, les procédures simplifiées instaurées par la Commission européenne. Il s'agit de la Procédure européenne de règlement des petits litiges[314] et de l'injonction de payer européenne[315]. L'objectif de ces deux procédures est identique : permettre à *« tout citoyen européen en litige avec un adversaire situé dans un autre pays de l'Union européenne doit avoir la possibilité de porter facilement son affaire devant un tribunal, même si le montant de son litige est minime »[316]*. Si les deux procédures sont similaires, leur différence majeure relève du champ d'application plus restreint de celle dédiée à l'injonction de payer, laquelle est uniquement recommandée pour les créances pécuniaires incontestées. Mais dans les deux cas, ce sont des arguments visant à privilégier l'autonomie procédurale des justiciables qui sont mis en avant : *« le recours à un avocat n'est pas obligatoire. Les procédures*

---

d'appeler le tribunal. Notre relation avec les citoyens s'en trouve modernisée et nous pouvons nous concentrer d'emblée sur le fond des dossiers ».

[314] Le règlement européen (CE) n° 861/2007 du Parlement et du Conseil du 11 juillet 2007 a institué la procédure européenne de règlement des petits litiges (*small claim*).

[315] Le règlement européen (CE) n° 1896/2006 du Parlement et du Conseil du 12 décembre 2006 a institué la procédure d'injonction de payer européenne.

[316] C. Tiriou, *« Procédure européenne de règlement des petits litiges et injonction de payer européenne : des procédures simplifiées pas si simples dans la pratique »*, Centre Européen de la Consommation, Service Juridique, Juillet 2011, Page 1.

sont rapides et à moindre coût (entre 0 et 200 € pour les frais de procédure selon les pays). Autre avantage : Il s'agit de procédures confortables puisque le consommateur peut les engager à distance, par écrit, en utilisant des formulaires types traduisibles en plusieurs langues. Enfin les décisions rendues sont reconnues et exécutoires dans tous les Etats membres de l'Union européenne »[317]. Si le recours effectif à ces procédures européennes simplifiées est plutôt limité dans la pratique, leur instauration révèle une volonté des instances européennes de faciliter l'accès des justiciables aux instances judiciaires des Etats membres.

Cela étant dit, on sait toutefois que la priorité des pouvoirs publics est de garantir un accès réel et effectif à la justice, notamment par le développement des plus de 2.000 *« points-justice »*[318] en France et par les dispositifs visant un accès à l'avocat pour tous, notamment celui de l'aide juridictionnelle. Toujours est-il que, développées à titre alternatif, facultatif et accessoire, les solutions publiques visant l'autonomisation des justiciables semblent trouver leur place dans le système judiciaire français.

Il résulte ainsi que les solutions ci-avant développées représentent une alternative au recours à

---

[317] *Ibdem.*

[318]   https://www.justice.gouv.fr/le-ministere-de-la-justice-10017/journee-nationale-de-lacces-au-droit-2022-34477.html.

l'action collective conjointe, laquelle tend, elle aussi, vers un meilleur accès au droit et à la justice.

***

Conclusion

On retiendra que l'action collective conjointe évolue dans un contexte controversé et contrasté. Elle se développe effectivement entre vénérations et vives critiques, entre le formalisme du monde judiciaire et la modernité du monde technologique et économique, entre opportunités politiques d'un empouvoirement des justiciables et les craintes des dérives d'un surdéveloppement peu maîtrisé et d'une importante insécurité juridique.

Et pour cause, l'action collective conjointe, telle que nous l'appréhendons aujourd'hui, n'est en réalité qu'une réponse pratique visant à dérouter les « frontières » du régime de l'action de groupe, notamment sa limitation du champ d'application, sa restriction des entités représentatives, ses difficultés en matière de publicité ou de financement, ou encore ses nombreuses règles de procédure spécifiques.

Plus particulièrement, c'est l'impossibilité pour l'avocat de représenter directement les justiciables dans le cadre d'une action de groupe qui l'a placé en *leader* du mouvement visant à renforcer le recours à ce nouveau mode d'action collective.

Face aux sollicitations croissantes des justiciables pour une organisation d'actions collectives directement portées par les avocats, ces derniers n'ont pas attendu les évolutions législatives et se sont emparés des règles de procédures de droit commun pour se montrer immédiatement actifs et réactifs dans la résolution de litiges collectifs.

D'un point de vue procédural, l'essor des actions collectives conjointes, lequel est généralement observé et cité comme un phénomène récent, n'est qu'une nouvelle manière d'appréhender des règles procédurales plus anciennes et largement connues.

C'est en revanche grâce au recours aux outils technologiques par les avocats et à la structuration de nouveaux modèles économiques que l'action collective s'est invitée dans le système judiciaire français. L'innovation que nous observons dans les prétoires français en matière de conflit collectif relève donc plutôt d'une innovation d'usages et de pratiques judiciaires à l'initiative des avocats et des justiciables plutôt qu'une véritable transformation judiciaire.

Nous serions par ailleurs tentés d'affirmer que la naissance de l'action collective conjointe, d'un point de vue strictement juridique, est aussi ancienne que l'action en justice elle-même. C'est l'appropriation récente de ces règles de procédure par les justiciables et leurs avocats qui en constituent la véritable innovation.

On a constaté que l'introduction d'actions collectives dans les tribunaux en dehors de tout cadre législatif précis a donné naissance à une très grande diversité des pratiques. Les stratégies utilisées par les avocats et les comportements des greffiers et des magistrats sont loin de révéler une homogénéité dans l'appropriation de ce type de recours collectif.

Si une telle diversité des pratiques a rendu possible des succès judiciaires (et médiatiques) salutaires, elle cache un besoin criant d'encadrement législatif de l'action collective conjointe ou d'une flexibilisation du régime législatif de l'action de groupe.

En l'état des pratiques, on constate effectivement que, du côté des juridictions, le risque d'engorgement des tribunaux reste problématique. Du côté des justiciables, on retiendra, face à l'absence d'un cadre législatif précis, une forte illisibilité des procédures par un justiciable juridiquement novice, ce qui représente un problème de taille lorsqu'il s'agit de contribuer à un meilleur accès au droit et à la justice.

***

Bibliographie

I - Ouvrages, thèses et mémoires :

- M. J. Azar-Baud, « *Les actions collectives en droit de la consommation* », vol. 121, 2013

- L. Boy, « *L'intérêt collectif en droit français, réflexion sur la collectivisation du droit* », thèse, Nice, 1979

- M. Cappelletti, « *La protection d'intérêts collectifs et de groupe dans le procès civil (Métamorphose de la procédure civile)* », RIDC 1975

- Z. Mansour et D. Lepelletier, « Covid-19 : une crise sanitaire inédite », ADSP n°16, décembre 2021

- J. L. Sanchez, « *El sistema de las class actions en los Estados Unidos de América* », Editorial Comares, 2011

II - Revues et articles juridiques :

- A. Dorange, « *Actions en justice liées au Covid-19 : le renouveau des actions collectives conjointes ?* », Village de la Justice, 5 juin 2020.

- O. Akyurek et C. Habibi, « *Les chantiers de la justice, une impulsion nouvelle aux modes alternatifs de règlement des différends »*, Vade-mecum du contentieux judiciaire, Actu-Juridique.fr, 11 juillet 2018

- C. Andry, « Actions collectives conjointes : un démarrage en douceur, mais prometteur », Village de la Justice, 10 novembre 2016

- APREF, *« Les actions de groupe issues de la loi n°2016-1547 du 18 novembre 2016 de modernisation de la justice du XXIème siècle : cadre général, bilan & perspectives en réassurance »*, juin 2019

- F. Beaupoil, Avocat et Médiateur au Barreau de Nanterre, *« Les MARD : plus que des outils, une nouvelle culture pour les avocats »*, Village de la justice, 11 juillet 2022

- B. Bernabé, *« Les chemins de l'amiable résolution des différends »*, Chroniques — La croisée des savoirs, Les Cahiers de la Justice 2014/4 (N° 4)

- C. Chikhi et L. Lizé, *« Ubérisation du droit, quand l'économie numérique fait trembler les schémas traditionnels »*, Le Petit Juriste, 18 décembre 2015

- Cholet, Guinchard, *« Droit et pratique de la procédure civile 2014-2015 »*, Dalloz n° 131-82

- T. Coustet, « *La « procédure de l'arrêt pilote »
entre les mains de la garde des Sceaux* », Dalloz
Actualité, 26 mars 2018

- Dalloz Actu Etudiant, « Qu'est-ce qu'une
legaltech ? », Dalloz, 20 septembre 2017

- M. Douchy-Oudot, « Répertoire de procédure
civile », Dalloz, Décembre 2021

- Editions Législatives, « *Un dispositif commun
pour les actions de groupe* », La Veille
permanente, Droit public, 21 novembre 2016

- C. Féral-Schuhl, propos recueillis par M. Battisti,
« *Vers une ubérisation du droit ?* », I2D -
Information, données & documents 2016/1
(Volume 53)

- K. Haeri et B. Javaux, « *Action de groupe en
matière de consommation : conditions de
recevabilité et charge de la preuve* », Dalloz
Actualité, 22 juillet 2020

- A. Heurté, « *Les requêtes collectives* », Actualité
juridique. Droit administratif, I. Doctrine, 1961

- P. Métais et E. Valette, « *La directive actions
représentatives : un nouvel élan pour les actions
de groupe ?* », White & Case LLP, 16 décembre
2020

- C. Musso, Directeur de l'action politique de l'UFC-Que choisir, Propos recueillis par A. Dorange, Rédaction du Village de la Justice, *« Bilan de l'action de groupe en concurrence-consommation : les craintes se sont vérifiées et les réserves se sont renforcées »*, 1er juillet 2020

- C. Leguevaques, *« Encore un effort pour se doter d'une véritable « class action » efficace »*, Le Club de Mediapart, 1er décembre 2021

- D. Poulin, *« La démocratisation de l'accès au droit : nouveaux acteurs et nouvelles technologies »*, Variations sur le droit de la société de l'information, C. Monville (dir.), Cahier du CRID, Bruylant, Bruxelles, 2001

- R. Poupet, Avocat au Conseil d'Etat et à la Cour de Cassation, *« Introduction de l'instance, Requête introductive d'instance »*, JurisClasseur Justice administrative, Fasc. 42, 31, décembre 2014

- P. Rolland, *« Les modes alternatifs de règlement des différends (MARD) : à chacun sa voie »*, Village de la Justice, 22 mars 2021

- C. Tiriou, *« Procédure européenne de règlement des petits litiges et injonction de payer européenne : des procédures simplifiées pas si simples dans la pratique »*, Centre Européen de la Consommation, Service Juridique, juillet 2011

- F. Vert et M. Chapuis, *« Un moyen disruptif pour réduire les stocks des tribunaux : et si on essayait l'amiable ? »*, D. actu., 1er mars 2021

III – Articles de presse :

- P. Collet, *« Dieselgate : une action collective vise Renault »*, Actuenvironnement.com, 5 novembre 2019

- K. Dachez, *« Linky : les électrosensibles gagnent leur procès contre Enedis condamné à dépolluer l'électricité »*, Phonandroid, 28 janvier 2022

- J. Decorse, *« Christophe Lèguevaques : « Je veux faire de l'action collective une arme anti-lobby »*, Touloueco, 20 novembre 2019

- Frandoid, *« Xiaomi fait face à une action collective pour son DAS trop élevé »*, 16 avril 2019

- M. Garcia et B. Zagdoun, *« Les pratiques de Fabrice Di Vizio, l'avocat des antivaccins, sont-elles "réglos" ? »*, Franceinfo, 9 octobre 2021
- P. Jolly, *« Des victimes du Covid-19 prises dans les filets de cabinets d'avocats opportunistes »*, Le Monde, 11 juin 2020

- D. Lepetitgaland, *« Aide Covid : une action collective lancée par les taxis oubliés »*, Le Progrès, 21 janvier 2021

- S. de Macedo, *« Consommation : les litiges ont explosé de plus de 30% avec la crise du Covid-19 »*, Le Parisien, 24 mars 2021.

- C. Martin, *« A Winamax, « faisceau de suspicions » et suspensions »*, Libération, 26 décembre 2018

- A. Moreaux, *« L'essor de la legaltech »*, Affiches Parisiennes, 9 décembre 2016

- N.M., *« Affaire Lyon en colère : une requête d'appel prévue le 24 janvier »*, Le Progrès, 10 janvier 2022

- J. Notin : *« Avec le télétravail, les tentatives d'hameçonnage ont explosé »*, sur France Inter, 31 mars 2020

- Ouest France, *« Compteurs Linky. Une centaine d'opposants réclamant un « droit de refus » déboutés par la justice »*, Ouest France, 10 mai 2022

- M. Périsse, *« Plateformes d'actions collectives : la justice à portée de clic ? »*, Médiacités, 13 novembre 2019
- QC, *« L'avocat des abonnés de Canal et Bein menace de saisir la justice »*, So Foot, 23 juin 2020

- Roland Berger Strategy Consultants, Think Act., *« Les classes moyennes face à la transformation digitale »*, octobre 2014

- A. Schwyter, *« Pourquoi les actions de groupe ne servent (pour l'instant) à rien »*, Challenges.fr, 14 octobre 2016
- E. Souffi, *« Plaintes groupées, 25.000 euros par mois... Les coulisses du business de Di Vizio, l'avocat des anti-passe »*, Le Journal du Dimanche, 13 septembre 2021

VI - Rapports, textes et projets législatifs :

- Accord de retrait du Royaume-Uni de Grande-Bretagne et d'Irlande du Nord de l'Union européenne et de la Communauté européenne de l'énergie atomique (2019/C 384 I/01)

- F. Agostini et N. Molfessis, Rapport sur *« l'amélioration et simplification de la procédure civile »*, 15 janvier 2018

- L. Béteille et R. Yung, Rapport d'information n° 499 (2009-2010) fait au nom de la commission des lois, déposé le 26 mai 2010 : *« L'action de groupe à la française : parachever la protection des consommateurs »*

- Code des assurances

- Code civil

- Code de la consommation

- Code de l'environnement

- Code de justice administrative

- Code monétaire et financier

- Code pénal

- Code de procédure civile

- Code de procédure pénale

- Code de la santé publique

- Convention de la Haye du 15 novembre 1965

- Décret n° 2019-1333 du 11 décembre 2019 réformant la procédure civile

- Directive (UE) 2020/1828 du Parlement européen et du conseil du 25 novembre 2020 relative aux actions représentatives visant à protéger les intérêts collectifs des consommateurs et abrogeant la directive 2009/22/CE

- P. Gosselin et L. Vichnievsky, *« Rapport d'information sur le bilan et les perspectives des actions de groupe »*, n° 3085, enregistré à la

Présidence de l'Assemblée nationale le 11 juin 2020

- Loi n° 2018-1021 du 23 novembre **2018** portant évolution du logement, de l'aménagement et du numérique

- Loi n° 2016-1547 du 18 novembre **2016** de modernisation de la justice du XXIe siècle

- Loi n° 2016-41 du 26 janvier **2016** de modernisation de notre système de santé

- Loi n° 2014-344 du 17 mars **2014** relative à la consommation

- Loi n° 95-101 du 2 février **1995** relative au renforcement de la protection de l'environnement, dite loi Barnier

- Loi n° 92-60 du 18 janvier **1992** renforçant la protection des consommateurs

- Loi n° 73-1193 du 27 décembre **1973** d'orientation du commerce et de l'artisanat

- Loi n° 71-1130 du 31 décembre **1971** portant réforme de certaines professions judiciaires et juridiques

- Règlement (UE) n° 1215/2012 du Parlement européen et du Conseil du 12 décembre **2012** concernant la compétence judiciaire, la reconnaissance et l'exécution des décisions en matière civile et commerciale

- Règlement n° 1393/2007 du Parlement Européen et du Conseil du 13 novembre **2007**

- Règlement européen (CE) n° 861/2007 du Parlement et du Conseil du 11 juillet **2007** instaurant la procédure européenne de règlement des petits litiges (*small claim*)

- Règlement européen (CE) n° 1896/2006 du Parlement et du Conseil du 12 décembre **2006** a institué la procédure d'injonction de payer européenne

V - Sites internet :

- https://www.bfbavocats.com/action-collective

- https://cessezlefeu.com/

- https://citoyens.telerecours.fr/

- https://myleo.legal/fr/

- https://palace.legal/

- https://www.economie.gouv.fr/cedef/action-de-groupe

- https://www.incubateurbarreaulyon.com/

- https://www.demanderjustice.com/

- https://www.captaincontrat.com/
- https://noublionsrien.fr/

- https://www.litige.fr/

- https://www.saisirprudhommes.com/

- https://www.quechoisir.org/

- http://www.gisti.org/

- https://qualiplainte.fr/

- https://domaine-legal.com/litige

- https://www.justice.gouv.fr/

- https://vpourverdict.com/

VI - Décisions de justice :

<u>6.1 Cour européenne des droits de l'homme :</u>

- CEDH, 22 juin **2014**, n° 31443/96, Broniowski c/ Pologne

6.2 Jurisprudence judiciaire :

6.2.1 Tribunaux judiciaires et de commerce :

- Tribunal judiciaire de Nanterre, 1ère Chambre, ordonnance de mise en état, 12 mai **2022**, n° 21/06287

- Tribunal judiciaire de Bourg-en-Bresse, 3ème chambre civile, 7 octobre **2021**, n° 21/01585

- Tribunal judiciaire de Caen, 10 mai **2021**, n° RG 20/04355

- Tribunal judiciaire d'Arras, 22 mars **2021**, n° 11-2100011

- Tribunal judiciaire de Versailles, 4 juin **2020**, n° 15/10221

- Tribunal de commerce de Bobigny, Chambre 07, 15 mai 2018, n° 2017F00539

6.2.2 Cours d'appel :

- Cour d'appel de Paris, Pôle 1 - Chambre 10, 8 avril **2021**, N° RG 20/02866 - N° Portalis 35L7-V-B7E-CBOJS

- Cour d'appel de Bordeaux, Première chambre civile, 17 novembre **2020**, (Rédacteur : Béatrice PA TRIE, présidente), n° RG 19/02419 - n° Portalis DBVJ-V-B7D-K75N

- Cour d'appel de Lyon, 6e ch., 25 juin **2020**, n° 19/02438

- Cour d'appel de Paris – Pôle 01 ch. 02 – 15 mai **2014** – n°13/17543

6.2.3 Chambre criminelle de la Cour de cassation :

- Cour de cassation, Crim. 7 septembre **2021**, n° 19-87.031

- Cour de cassation, Crim., 21 mars **2017**, n° 15-82437

- Cour de cassation, Crim. 20 juin **2006**, n° 05-86.211, NP

- Cour de cassation, Crim. 26 mai **1992**, n° 89-83.536 P
- Cour de cassation, Crim. 26 nov. **1991**, n° 90-83.008

- Cour de cassation, Crim. 14 novembre **1989**, n° 86-92.599 P

- Cour de cassation, Crim. 13 juin **1972**, n° 72-90.091 P

- Cour de cassation, Crim. 22 janv. **1970**, n° 69-90.898

6.2.4 Chambre sociale de la Cour de cassation :

- Cour de cassation, Chambre sociale, Arrêt n° 1441 du 27 mars **1996**, Pourvoi n° 93-46.172

- Cour de cassation, Chambre sociale, Arrêt n° 1490 du 16 mars **1994**, Pourvoi n° 92-41.071

- Cour de cassation, Chambre sociale, Arrêt n° 3605 du 28 octobre **1992**, Pourvoi n° 88-43.964

6.2.5 Chambres civiles de la Cour de cassation :

- Cour de cassation, 1ère Chambre civile, 12 décembre **2018**, 17-19.387

- Cour de cassation, 2ème Chambre civile, 25 février **2010** : Dr. et pr. 2010. 177, obs. Vinckel
- Cour de cassation, 2ème Chambre civile, 19 févr. **2009**, n° 08-12.144

- Cour de Cassation, 2ème Chambre civile, 6 avril **2006**, n° 04-17.849

- Cour de cassation, 2ème Chambre civile, 13 janvier **2005**, pourvois n° 03-18.645 et n° 03-20.355

- Cour de Cassation, 2ème Chambre civile, 29 avril **1997**, 95-11.551

- Cour de cassation 2ème Chambre civile, 11 octobre **1995**, n° 92-18.799 P

- Cour de cassation, 2ème Chambre civile, 8 juin **1995**, n° 93-19.339 P

- Cour de cassation, 2ème Chambre civile, 22 mars **1995**, n° 93-10.599 P

- Cour de cassation, 1ère Chambre Civile, 12 mai **1993**, pourvoi n° 91-17.010

- Cour de Cassation, 2ème Chambre civile, 5 juin **1991**, n°90-14.346

- Cour de cassation, 1ère Chambre civile, 19 mars **1991**, 89-15.569

- Cour de cassation, 2ème Chambre civile, 16 avril **1988**

- Cour de cassation, 2ème Chambre civile, 25 mars **1987**

- Cour de cassation, 2ème Chambre civile, 14 novembre **1984** : RTD civ. 1985. 446

- Cour de cassation, 2ème Chambre civile, 24 mai **1984** : Bull. civ. II, no 91; D. 1985. IR 261

- Cour de cassation, 2ème Chambre civile, 25 novembre **1981** : D. 1982. 371

- Cour de cassation, 1ère Chambre civile, 17 novembre **1981**, n° 80-14.728

- Cour de cassation, 1ère Chambre civile, 13 juin **1979**, n° 77-11.610

- Cour de Cassation, 1ère Chambre civile, 8 octobre **1974**

- Cour de Cassation, 2ème Chambre civile, 28 octobre **1954**, J.C.P. 1955, II, 8765

6.3 Jurisprudence administrative :

- Tribunal administratif de Lyon, R. K. et autres, 25 janvier **2022**, n° 2106047-2106130

- Conseil d'Etat, 8 juillet **2005**, Cté d'agglomération de Moulins, n° 268610 B.

- Conseil d'Etat, 5 oct. **2018**, Sergent et a., n° 418233

- Cour administrative d'appel de Lyon, 5 avril **2005**, Pinget et A.

- Conseil d'Etat, 3 / 5 SSR, du 10 novembre **1989**, n°48932

- Conseil d'Etat, 4 mai **1988**, Union nationale des industries de la manutention des ports français, n° 71806, T. pp. 950-952.

- Conseil d'Etat, 25 février **1987**, Mortet : Rec. CE 1987

- Conseil d'Etat, Section D... du 30 mars **1973**, n° 80717

- Conseil d'Etat, Section du 8 janvier **1960**, Min. de l'éducation nationale c/ B... et autres n° 44130

- Conseil d'Etat, Section, 15 juillet **1957**, Ville de Royan et S.A. des casinos de Royan

- Conseil d'Etat 29 mars **1954**, Veuve Nardon

- Conseil d'Etat 29 février **1952**, Chambre syndicale des détaillants en articles de sport et camping de France

VII – Autres :

- Règlement National Intérieur de la profession d'avocat (RIN)

- Direction de l'information légale et administrative (Premier ministre), « *Service-Public.fr a fait peau neuve le 18 juillet 2022 !* », 19 juillet 2022

- Séance de l'Assemblée nationale du lundi 24 juin 2013

- Rapport d'activité 2020 de la plateforme « *V pour Verdict* »

- D. Chemla, « *Rapport sur le site avocats-actions-conjointes.com* », Ordre des avocats de Paris, 4 décembre 2016

- Entretien avec Y. Tarasewicz, Avocat associé, cabinet Proskauer et G. Roche, Juriste en droit social, cabinet Proskauer

- Note de l'Observatoire national de la délinquance et des réponses pénales (ONDRP), septembre 2020

- Marcy Hogan Greer, « *A Practitioner's Guide to Class Actions* », American Bar Association, 2012 supplement

- Conclusions de Mme E. Bokdam-Tognetti, Rapporteure publique, Conseil d'Etat, N° 440845 – M. X... et autres 9ème et 10ème chambres réunies, Séance du 26 novembre 2021, Lecture du 10 décembre 2021

- Conseil national des barreaux, « *Enquête Evolution de la pratique des avocats : volet modes amiables et alternatifs* », novembre 2021

- Conférence générale des juges consulaires, Modes alternatifs de règlement des différends (MARD) - Guide pratique pour les tribunaux commerce
- 12ème Colloque organisé par le Master II Droit Processuel de l'Université de Bourgogne, « *Contentieux de masse et masse des contentieux : le défi de la justice du XXIème siècle* », 10 février 2017

- Baromètre Maddyness / Wolters Kluwer / Banque des Territoires, *« Les Legaltechs françaises, tendances 2021 »*, 2021

- *« Le guide des modes amiables de résolution des différends (MARD) »*, Dalloz, 3e éd., n°421.22

- L. Chatel, *« De la conso méfiance à la conso confiance : rapport au Premier ministre de la mission parlementaire auprès du secrétaire d'Etat aux petites et moyennes entreprises, au commerce, à l'artisanat, aux professions libérales et à la consommation sur l'information, la représentation et la protection du consommateur »*, La documentation française, juillet 2003

- P. Delmas-Goyon, *« Le juge du 21ème siècle »*, Rapp., Ministère de la Justice

- Charte éthique pour un marché du droit en ligne et ses acteurs, AJID & Ope